LEIDENSCHAFTLICH KOCHEN

FERMENTIEREN

LEIDENSCHAFTLICH KOCHEN

FERMENTIEREN

Inhalt

Vorwort

Mikroorganismen sind Bausteine unseres Ökosystems: Sie erledigen essenzielle Aufgaben und unsere Existenz ist an ihre gekoppelt. Schon früh beobachteten und nutzten Menschen ihre Fähigkeiten – die Entdeckungsreise der Fermentation nahm ihren Lauf. Man lernte die saisonale Vielfalt, mit der die Natur jedes Jahr auf ein Neues fasziniert, zu konservieren und zu veredeln. Die geschmackliche Metamorphose durch Fermentationsprozesse bringt hochkomplexe Aromen hervor. Heute, losgelöst von der Notwendigkeit der Haltbarmachung und mit dem gebündelten Wissen der Welt, hat sich unser Werkzeugkasten derart erweitert, dass die Bandbreite an natürlich gestaltbaren Geschmäckern unendlich scheint. Die Interaktion zwischen Produkt, Mensch und Mikroorganismen schafft einmalige Genüsse und lässt uns staunen.

Die Natürlichkeit der Fermentation legt die Verwendung bester Ausgangsprodukte aus der Umgebung nahe. Die Ergänzung traditioneller Fermentationsmethoden mit Techniken aus anderen Erdteilen führt zu reizvollen Variationen der regionalen Produkte. Die beteiligten Mikroorganismen bringen ihr eigenes Terroir ein und beeinflussen so die Aromen. Und selbst Teile, die sonst womöglich entsorgt worden wären, können durch Fermentation veredelt und später genossen werden.

Der Blick in die Fermentation verändert den Blick auf die Welt. Lasst uns die Geschenke der Natur ehren, genießen und fermentieren!

Das Prinzip

Bedeutung von Fermentation

Die Umwandlung von Rohstoffen durch Mikroorganismen (Bakterien und Pilze) ist essenziell für das Überleben des Menschen sowie unsere gesamte Umwelt mit allen Tieren und Pflanzen. Ihr gezielter Einsatz zur Erweiterung unseres Nahrungsspektrums erfolgte schon vor etwa 13000 Jahren. Schnell wurde die verlängerte Haltbarkeit fermentierter Lebensmittel gegenüber ihren Rohstoffen erkannt, welche auf Fermentationsnebenprodukten wie Säuren und Alkohol beruht. Fermentationsprodukte weisen immer eine hohe Komplexität an Aromen auf. Dominante Gerüche stammen häufig von fermentierten Lebensmitteln wie zum Beispiel Kaffee, Schokolade, Sauerteigbrot, Käse oder Salami. Verantwortlich für die aromatische Vielfalt und Komplexität ist die Diversität an Bakterien und Pilzkulturen. Selbst vegetarisch basierte Fermentationsprodukte können fleischliche Umamiaromen hervorbringen. Daher sorgen Fermentationsprodukte häufig schon in geringer Dosierung für wesentliche Veränderungen – egal ob Essig, Senf, Tabasco, Vegemite, Fischsauce, Sojasauce oder Misopaste, um nur einige der weltweit gängigen Würzmittel zu nennen.

Wertsteigerung durch Fermentation

Die Fermentation steigert nicht nur die Aromatik, sondern auch den Wert von Lebensmitteln. Die wohl größte preisliche Differenz weisen fermentierte Traubensäfte – Weine – gegenüber selbst dem teuersten Kilo Weintrauben auf. Auch der ernährungsphysiologische Wert von Lebensmitteln erhöht sich: Die Vorverdauung der Mikroorganismen sorgt für eine bessere Verfügbarkeit der Nährstoffe und wirkt sich positiv auf die Darmflora und das Immunsystem aus. Ein zusätzlicher Effekt ist die Zerstörung bestimmter Toxine, z. B. werden Oliven erst durch Fermentation verträglich.

Ob es das beste Sauerteigbrot, Kimchi, Rohschinken oder Surströmming (ein fermentierter Ostseehering aus Schweden, durch seinen extremen Geruch bekannt) ist, auf deren Suche sich viele Food-Touristen begeben, um andere Kulturen kennenzulernen: Fermentationsarten und -verfahren tragen zur kulturellen Identität vieler Gruppen bei und sind wesentlich für Esskulturen und -bräuche. Aromatische Parallelen zu verdorbenen Lebensmitteln können entstehen, da hier ebenfalls Mikroorganismen beteiligt sind: Verderb entsteht, wenn die Lebensmittel vergessen werden oder ihnen keine Aufmerksamkeit geschenkt wird – diverse präsente Bakterien übernehmen dann die Verarbeitung. Bei gesunden Fermentationsgütern hingegen werden spezielle Bakterien- oder Pilzkulturen in ihrem Wachstum gefördert und damit der Lebensraum für andere Kulturen, welche für die Entstehung von unerwünschten Nebenprodukten sorgen, verschlechtert oder gänzlich genommen.

Historie

Ägyptische Grabmalereien, hier aus dem Jahr 1500 v. Chr., dokumentieren schon früh den komplexen, mehrstufigen Fermentationsprozess von Weintrauben in Amphoren, bauchigen Tongefäßen.

Die Beherrschung des Feuers gilt als elementarer Meilenstein in der Menschheitsgeschichte und wird oft mit den Anfängen von Kochen und Kultur assoziiert. Fermentierte Lebensmittel standen neben Rohkost, Samen, Nüssen und Wildfleisch allerdings schon vor der Bändigung des Feuers auf dem Speiseplan der Urvölker. Wann zum ersten Mal fermentierte Lebensmittel verspeist wurden, ist schier unergründlich. Jedoch weiß man, dass vor 10 Millionen Jahren – noch bevor Frühmenschen, Schimpansen und Gorillas sich voneinander abspalteten – im Genom dieser Vorfahren eine

Anpassung stattfand, welche ein Enzym zur Verarbeitung von Alkohol hervorbrachte. Dies lässt auf einen Speiseplan mit fermentierten Lebensmitteln schließen. Die natürlichen, auch ohne menschliche Interaktion ablaufenden Prozesse wurden schließlich beobachtet und kopiert. Der Fund 13 000 Jahre alter Steinmörser in der Rakefet-Höhle im Norden Israels ist derzeit der älteste Beleg für Fermentationskultur. In den Mörsern gefundene Stärkerückstände und Phytolithe (aus Pflanzenresten bestehendes Gestein), typisch im Fermentationsprozess von Weizen und Gerste zu Alkohol, deuten auf die Herstellung von alkoholischen Getränken hin. Drei verschiedene Typen von Gefäßen wurden identifiziert, die schon damals einen dreistufigen Fermentationsprozess von Mälzen über Maischen bis hin zum Brauen nahelegen.

Trotz der langen Historie von weltweiten Fermentationspraktiken dauerte es noch bis 1857, als Louis Pasteur die ersten wissenschaftlichen Erkenntnisse auf diesem Gebiet sammelte. Er entdeckte die Aufgabe von Bakterien in der Fermentation von Milchprodukten und definierte den Prozess als ein sauerstofffreies Phänomen. Dadurch umfasste der Begriff »Fermentation« ursprünglich nur mikrobiologische Prozesse bei Abwesenheit von Sauerstoff. Mittlerweile wird er großzügiger verwendet und inkludiert sowohl mikrobiologische Prozesse mit Sauerstoff als auch rein enzymatische, nicht-mikrobiologische Prozesse. Dank weiterer Erkenntnisse kann man diese Prozesse mittlerweile ideal steuern und fördern. Die Komplexität der vielfältigen Abläufe ist aber noch immer nicht vollständig ergründet.

Fermentation versus Kochen

Fermentieren und Kochen haben viele Gemeinsamkeiten: In beiden Prozessen wird ein unverarbeitetes, natürliches Produkt über einen technischen Kulturprozess zu einem Lebensmittel mit ernährungsphysiologisch wertvollen Eigenschaften verarbeitet. Auch die Begriffsherkunft »Fermentation« vom lateinischen Begriff »fevere« für »kochen« deutet auf die Parallele der beiden Vorgänge hin. Der Vorteil der Fermentation gegenüber dem Kochprozess ist die Verlängerung der Zeit des Lebensmittelgenusses. Während ein gekochtes oder gebackenes Getreide im Anschluss an den Verarbeitungsprozess nur eine verkürzte Haltbarkeit aufweist, wird ein Getreide durch den Fermentationsprozess konserviert und ist so deutlich länger haltbar. Zudem ist Fermentieren energetisch günstiger: Die notwendige Energie zur Verarbeitung wird von den in der Umgebung vorkommenden Mikroorganismen, Bakterien oder Pilzkulturen erzeugt, nicht vom Strom.

Die Entstehung von Blasen und Schaum ist nur eine Parallele zwischen Kochen und Fermentieren.

Regionalität

Die regionale Gebundenheit von Fermentationspraktiken ergibt sich ganz natürlich aus dem Zusammenspiel zwischen vorhandenen Rohstoffen und den vor Ort herrschenden Bedingungen für die jeweiligen Mikroorganismen, Bakterien oder Pilzkulturen, die für die Fermentation notwendig sind. Der bekannte koreanische fermentierte Chinakohl »Kimchi« beispielsweise ist seit 1392 in den Beschreibungen über die Hochküche der Koryeo-Periode dokumentiert. Das ursprüngliche Kimchi wurde allerdings mit dem in Korea heimischen Rettich hergestellt. Nachdem der Handel mit China florierte, wurde viel Gemüse nach Korea importiert – so auch der Chinakohl, welcher schon bald die Rolle als neue Hauptzutat in dem traditionellen Gericht übernahm.

Etwa ein Drittel unserer alltäglichen Lebensmittel sind fermentiert, häufig fällt es uns allerdings gar nicht auf.

Bedeutung der Umgebungsbedingungen

Neben den Rohstoffen ebnen Luftfeuchtigkeit, Temperatur und pH-Werte den Weg für ein regionales Angebot an Mikroflora. Besonders resistente Organismen, wie die Hefe Saccharomyces cerevisiae, sind weltweit in Weinanbaugebieten zu finden. Daher gibt es überall auf der Welt alkoholische Fermentationsprodukte wie Wein und Bier, aber auch Sauerteigbrot, Joghurt und Käse.

Sensiblere Mikroorganismen hingegen, wie beispielsweise die Pilzkultur Aspergillus oryzea – ein Pilz, der auf Reis und anderem Getreide ideal wächst – zur Herstellung von Koji –, kann im europäischen Kulturraum nicht natürlich wachsen. Selbst jahreszeitliche Schwankungen beeinflussen bei dieser Pilzart die natürliche Fermentation von Reis zu Koji. Die im östlichen und südöstlichen Asien weitaus größere Vielfalt an Fermentationsprodukten geht vor allem auf die klimatisch idealen Wachstumsbedingungen für eine Vielzahl an Organismen zurück. Amazake, Natto, Stinky Tofu, Tempeh, Kombucha oder Kefir basieren alle auf unterschiedlichen Fermentationskulturen, welche sich dort nur aufgrund der Kombination aus natürlichen Rohstoffen und klimatischen Bedingungen etablieren konnten.

Die Diversität an Bieren verdanken wir vor allem der Vielfalt an Hefen.

Vor allem in Regionen mit starken jahreszeitlichen Schwankungen – und damit in weiten Teilen Europas – war die Fermentation von Lebensmitteln ein wichtiges Verfahren, um Vorräte anzulegen. Ohne Kühltechnik musste auf natürliche Mechanismen zurückgegriffen werden, um den Verzehrzeitraum bis in die langen Winter zu verlängern. Dafür waren die präsenten Mikroorganismen, die vorherrschenden Bedingungen und vor allem die Temperaturen wegweisend. Fermentierte Salami wurde beispielsweise im südlichen Europa anschließend luftgetrocknet, wohingegen durch das Klima im Norden Europas Räuchertechniken als zusätzliche Konservierungsmethode entstanden. Obwohl es sich bei Bier um ein weltweit verbreitetes Fermentationsgut handelt, verdeutlicht auch die Palette von Biertypen diesen regionalen Bezug zum Klima. Obergärige Biere wie Weißbier, Kölsch oder Altbier werden mit der Hefe Saccharomyces cerevisiae gebraut, die bei 15 bis 22 °C ideale Fermentationsbedingungen vorfindet. Für untergärige Biere wie Pilsner, Helles oder Lagerbier kommt hingegen die Hefe Saccharomyces carlsbergensis zum Einsatz, deren Idealtemperatur bei 10 °C liegt und die sich daher insbesondere für das Bierbrauen in nördlichen Regionen oder in kalten Jahreszeiten eignet. Die örtlich gewachsenen Kombinationen an Konservierungsverfahren bieten uns heute ein großes Spektrum an verschiedenen Fermentations- und Verarbeitungstechniken.

Moderne

Traditionelle Herstellung von Sauerkraut: Nach dem Hobeln auf extragroßen Krauthobeln folgt das Stampfen mit Krautstampfern aus Holz, bis der Kohl vom eigenen Saft bedeckt ist.

Auf der Suche nach neuen Aromen, die unter nachhaltigen Bedingungen erzeugt werden, erfährt die Fermentation derzeit große Aufmerksamkeit. Der Gefahr, dass durch zunehmenden Konsum industriell hergestellter Lebensmittel das Wissen um Fermentationstechniken im häuslichen Gebrauch verloren geht, steht der »Homemade«-Trend entgegen. Im Einklang mit Themen wie Regionalität oder Vegetarismus ist die Fermentation eine logische Konsequenz – etwa um saisonal vergängliche Aromen, wie die von Waldmeister, Erdbeeren oder Spargel, über einen längeren Zeitraum genießen zu können oder größere Erntemengen abzufangen. Gegenüber anderen zeitgenössischen Konservierungsmethoden, wie Einfrieren oder Einlegen, kann mittels Fermentation die Aromenkomplexität noch interessant ausgebaut werden. Selbst in weltweit führenden Restaurants, die Regionalität im Extremen praktizieren, stellt das Fermentieren eine notwendige Konsequenz zur Erweiterung der Aromenpalette dar. Der Geschmack Umami (fleischig, würzig, wohlschmeckend), auf den unser sensorisches System besonders positiv anspringt, wird durch den Botenstoff Glutaminsäure (besser bekannt als Glutamat) ausgelöst. Der Botenstoff steht für proteinreiche Nahrung, welche aufgrund der ernährungsphysiologischen Eigenschaften im rohen Zustand meist schwer verdaulich ist. Der hitzebeständige Proteinbaustein Glutaminsäure bleibt im gekochten Zustand stabil und damit seiner Funktion als Botenstoff für einen großen

Energielieferanten treu. Durch Fermentation kann Umami vor allem auch aus vegetarischen Rohstoffen erzeugt werden.

Durch die zunehmende internationale Vernetzung werden Techniken und Starterkulturen interkulturell ausgetauscht. Die damit verbundene nicht traditionsverhaftete Herangehensweise bringt durch die Neukombination von Rohstoff und Starterkultur viele Innovationen und unbekannte Aromen. Auch hinsichtlich dem Thema Resteverwertung liefert die Fermentation spannende Ansätze: Vor allem Küchen mit überschüssigem organischem Material, welches keine Verwendung findet, können von Fermentation profitieren – aus unbenutzten Fischabschnitten kann z. B. eine hauseigene Fischsauce fermentiert werden.

Keine Angst vor Keimen

Auch wenn die auf Fermentation beruhenden Mikroorganismen, Bakterien und Pilzkulturen derzeit wieder im Interesse gewisser Strömungen sind, haftet ihnen ein eher negatives Image an. Dafür verantwortlich ist die Angst vor Keimen und bakteriellen Infektionen. In den heutzutage fast sterilen Hygieneanforderungen der lebensmittelverarbeitenden Betriebe sind Fremdorganismen eine große Gefahr. Eine dichte Population gesunder Organismen hingegen sorgt dafür, dass populationsfremde – auch pathogene – Organismen keinen frei verfügbaren Lebensraum mehr finden und damit keine große Gefahr mehr darstellen. Ein ähnliches Phänomen kann man bei der Verwendung von Holz in vielen traditionellen Fermentationsprozessen, wie der Käseherstellung, beobachten. Mikroorganismen können ideal in den Holzgefäßen wachsen, die erwünschten Bakterien dominieren aber das Material. In Studien eingebrachte pathogene Keime konnten nicht überleben. Ein ähnliches Bild lässt sich auf Fermentationsprodukte übertragen, die von erwünschten Organismen dicht besiedelt sind und unerwünschten Oganismen keinen Raum lassen.

Die Herstellung von Sauerkraut in Industriebetrieben verläuft überwiegend maschinell.

In der traditionellen Herstellung von Miso und Sojasauce werden Holzgefäße eingesetzt.

Auch der Gebsenkäse, ein Rohmilch-Alpkäse, reift in Holzgefäßen, den »Gebsen«.

Arten der Fermentation

Kategorisierungen von Fermentationsarten sind in etwa so divers wie die beteiligten Mikroorganismen. Für das Fermentieren im gastronomischen oder häuslichen Bereich erstellen wir im Folgenden eine Klassifizierung gemäß Anfangs- und Endprodukt, sodass passend zu einem verfügbaren Rohstoff, je nach gewünschtem Endergebnis, die ideale Fermentationsart ausgewählt werden kann.

Im Prinzip lassen sich alle Lebensmittel durch Mikroorganismen (Bakterien und Pilzkulturen) fermentieren. In der Regel bringen diese Lebensmittel sogar die passenden Mikroorganismen selbst mit. Allerdings muss die Behandlung des Lebensmittels vor dem Kauf berücksichtigt werden: Der Einsatz von Pestiziden und weiteren Spritzmitteln sorgt wie jeder Verarbeitungsschritt von der Ernte bis zum Fermentationsstart für eine starke Reduktion der Mikroflora. Nur hochwertige, einwandfreie Rohstoffe können ein ebenbürtiges Fermentationsprodukt hervorbringen. Abhängig von der Zusammensetzung des Rohstoffs (Menge und Aufbau von Stärke, Zucker, Fetten, Proteinen und Wasser) ergeben sich die passenden Fermentationswege. Es gibt in jedem aktiven Fermentiergut eine Vielfalt an beteiligten Mikroorganismen. Durch das Schaffen von Idealbedingungen für eine gewünschte Kultur selektiert man die zu dominierende Spezies. Die Auswahl der Kultur kann durch mehrere Parameter gesteuert werden: Neben der Rohstoffauswahl spielt es zum Beispiel eine Rolle, ob eine Starterkultur zugesetzt wird oder welche Umgebungstemperatur herrscht (siehe Auflistung der wichtigsten Parameter rechts im Bild). Vor Beginn der Fermentation sind all diese Aspekte zu durchdenken. Vor allem gilt es eine besondere Hygiene zu beachten. Besonders der Startpunkt der Fermentation ist kritisch. Unbesiedeltes Rohmaterial bietet noch viel Lebensraum für diverse Organismen. Erst wenn sich eine dominierende Spezies mit ihren symbiotischen Begleitern ausgebreitet hat, wird es unerwünschten Organismen erschwert, in das Fermentiergut einzudringen. Darauf beruht auch die längere Haltbarkeit von fermentierten Produkten – sie bieten weniger Angriffsfläche für Fremdorganismen. Es ist daher für einen gesunden Fermentationsprozess elementar, diesen schnell anzustoßen. Sogenannte Starterkulturen – selektierte Mikroorganismen, die das spätere Fermentierprodukt dominieren sollen – können diesen Prozess beschleunigen. Je nach Fermentationsart können sie aus bereits bestehenden, gesunden Fermentierprodukten stammen (Backslopping) oder müssen in Reinform zugegeben werden. Kombucha, Wasser- und Milchkefir sowie alle Schimmelpilzfermente lassen sich zu Hause oder in einem Gastronomiebetrieb nicht mittels Spontanvergärung (ohne den Einsatz von Starterkulturen) herstellen. Andere Fermentierprodukte hingegen, etwa milchsaure Lebensmittel, können unter Idealbedingungen spontan vergoren werden.

STEUERUNG DER AUSWAHL DER FERMENTATIONSKULTUR

- Rohstoffauswahl und ggf. Vorverarbeitung
- Zugabe von Starterkultur (Backslopping)
- Temperatur
- Wasserverfügbarkeit und/ oder Luftfeuchtigkeit
- Sauerstoffverfügbarkeit
- pH-Wert
- Salzgehalt
- Zuckergehalt
- Alkoholgehalt
- Utensilien (nur zur Unterstützung spezifischer Bedingungen)

Aromenspektrum durch Fermentationsarten

Das gewünschte aromatische Ergebnis und der Rohstoff bedingen die passende Fermentationsart. Ein und dasselbe Ausgangsprodukt kann durch das Schaffen von Idealbedingungen für verschiedene Kulturen und/oder Beimpfen mit einer Starterkultur zu vollkommen anderen Aromen und Texturen fermentiert werden. Während ein Apfel enzymatisch gebräunt karamellartige, schwere Aromen hervorbringt, wird er essigsauer vergoren, aufgrund der beteiligten Mikroorganismen, eher spitze, säuerliche und doch florale Aromen hervorbringen. Aber selbst innerhalb einer Fermentationsart lassen sich durch die Lenkung der Parameter kulturspezifische Organismen fördern, die das aromatische Spektrum verändern. Schon die Variation der Fermentationstemperatur kann bei ein und demselben Prozess zu einem unterschiedlichen Aromengemisch führen.

KOMBUCHA

Neben gesüßten Teeextrakten (auch aus Kräutern und anderen Pflanzen) eignen sich vor allem süße Fruchtsäfte für die Kombuchaherstellung.

ESSIGSÄUREGÄRUNG

Zuckerreiche Rohstoffe, die sich gut zu Alkohol vergären lassen, eignen sich ideal, um eine Essigsäuregärung anzuschließen.

WASSERKEFIR

Gezuckerte Getreide- und Gemüsesäfte eignen sich als spannende Ausgangsbasis für Wasserkefirferment.

MILCHSÄUREGÄRUNG

Ob Milchprodukte, Gemüse, Pilze oder Bohnen, die Bandbreite an milchsauer vergärbaren Rohstoffen ist vielfältig.

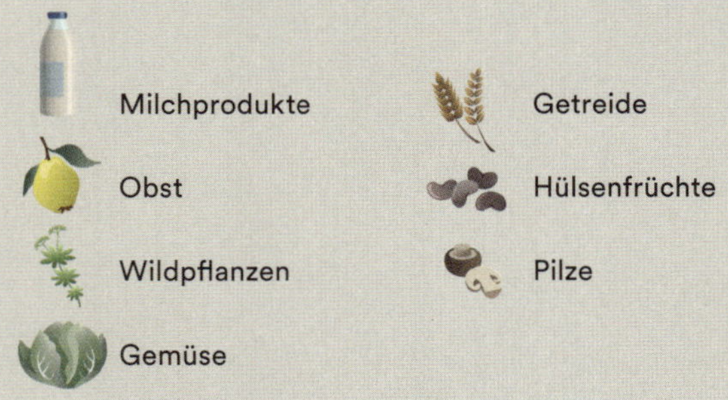

HEFE UND ALKOHOLISCHE GÄRUNG

Ein hoher Gehalt an Zuckern, wie in Obst, oder komplexeren Kohlenhydraten, wie in Getreide, ist die Voraussetzung für die Herstellung von Alkohol.

ENZYMATISCHE UMWANDLUNG

Gemüse, Obst, Nüsse und Pilze, die reich an phenolhaltigen Verbindungen sind, lassen sich ideal enzymatisch bräunen.

EDELSCHIMMEL

Rohstoffe zur Edelschimmelfermentation sind sehr abhängig von der jeweiligen Kultur. Getreide, Milch und Hülsenfrüchte haben sich etabliert.

MILCHKEFIR

Verschiedenste Milchsorten lassen sich durch die Zugabe von Milchkefirkristallen mittels Fermentation umwandeln.

Das Equipment fürs Fermentieren

GEFÄSSE

Die Wahl des Gefäßes hängt von der Fermentationsart ab. Generell ist ein Material zu wählen, das lebensmittelecht und gut zu reinigen ist. Metallgefäße empfehlen sich nicht, da Säuren und Salze zu Korrosion am Metall und damit zu Verunreinigungen des Fermentierguts führen. Auch Kunststoff kann angegriffen werden und Bestandteile freisetzen. Oft wird zwar in Vakuumierbeuteln fermentiert – beispielsweise im Rahmen der Milchsäure-Fermentation –, dennoch ist der hohe Materialverbrauch vermeidbar. Empfehlenswert sind Fermentationsgefäße (1) aus Glas, Keramik, Steingut und Porzellan. In traditionellen Fermentationstechniken kommen zwar auch Holz oder andere Naturmaterialien, wie Leder, Blasen und ausgehöhlte Früchte oder Gemüse, zum Einsatz, allerdings empfiehlt sich dies nur unter besonderen Umständen – denn ein unbesiedeltes Naturmaterial kann schnell für unerwünschte Fremdorganismen sorgen. Kein Fermentiergut sollte im direkten Sonnenlicht stehen und nur manches muss vollständig dunkel stehen, allerdings gilt: je weniger Lichteinfluss, umso besser. Die Gefäßöffnung ist ebenfalls fermentbedingt. Das Fermentiergut muss – vor allem im aktiven Zustand – genügend Platz haben, denn oft kommt es zu Schaum- und Gasentwicklung. Für die Abfüllung, optionale Zweitfermentation oder Reifung des fertig fermentierten Lebensmittels sind verschließbare Gefäße wie Gläser, Flaschen (2) oder Holzfässer nötig.

DECKEL UND VERSCHLÜSSE

Viele Fermentierprodukte entstehen unter Ausschluss von Sauerstoff. Deckel und Korken (3) verschließen Gefäße luftdicht. Gärverschlüsse lassen entstehende Gase austreten, ohne dass Sauerstoff in das Gefäß kommt (z. B. Airlocks oder Weck-Gläser). Auch der Verschluss durch Wasser, wie beim Gärspund, regelt den Überdruck, ohne dass Sauerstoff eintreten kann (4). Nach einem ähnlichen Prinzip funktionieren die Verschlüsse mancher Sauerkrauttöpfe, bei denen der Deckel mit Wasser abgedichtet wird. Bei milchsauer Vergorenem schirmt hinzugefügte Lake oder der ausgetretene Zellsaft das mittels Gewichten beschwerte Fermentationsgut vom Sauerstoff ab.

GEWICHTE

Um das Fermentiergut kompakt zu halten und am Auftreiben zu hindern (beispielsweise bei der Milchsäure-Fermentation oder der Erstellung von Miso), sollten Gewichte eingesetzt werden, die möglichst schwer sind. Es eignen sich sowohl speziell für die verschiedenen Gefäße hergestellte Gewichte aus Glas (5), Steingut (6) oder Keramik wie auch passende gesäuberte und eingepackte Steine (7). Flexible Gewichte, wie Stoffbeutel mit sauberen Steinchen oder lebensmittelechte und säureresistente Kunststoffbeutel mit Wasser gefüllt, ermöglichen die individuelle Anpassung an das jeweilige benutzte Gefäß.

TÜCHER

Fermentiergüter, die für ihre Reaktionen Sauerstoff benötigen, sollten immer so abgedeckt werden, dass keine Fremdkörper, wie etwa Schmutz oder Fliegen, hineingelangen können. Hierzu lassen sich die Gefäße beispielsweise mit einem sauberen Musselintuch oder Küchentuch abdecken (8), das dann mit einem Gummiband oder einer Schnur (9) befestigt wird. Musselintücher oder Etamine sind zudem hilfreich, um Flüssigkeiten nach dem Fermentationsprozess zu filtern.

1
2
3
PHILIPS
4
BOSCH
CompactPower
5
BOSCH
6
8
9
7
Pocket Scale
MODE
ON OFF
TARE

WÄRME

Bei manchen Fermentationsprozessen muss die Temperatur über der Raumtemperatur liegen. Um die richtige Umgebungstemperatur für das Fermentiergut zu schaffen, bestehen verschiedene Möglichkeiten. Im Dörrautomat (1) lässt sich die Temperatur gradgenau einstellen und problemlos über Stunden oder auch Tage halten. Da sich bei Dörrautomaten meist nur eine maximale Betriebsdauer einstellen lässt, z. B. 150 Stunden, muss man bei Fermentierzeiten über mehrere Wochen oder Monate hinweg daran denken, das Gerät immer wieder neu einzuschalten.
Wer die Welt des Fermentierens für sich entdeckt hat und z. B. gern Miso herstellt, sollte deshalb darüber nachdenken, sich einen für den Dauerbetrieb ausgelegten Wärme- bzw. Gärschrank anzuschaffen. Egal welches Gerät: Es sollte nur ein zuverlässiges, geprüftes Gerät zum Einsatz kommen. Auch ein Sous-vide-Becken erzeugt die optimale Temperatur, das Gefäß oder der Vakuumbeutel werden ins Wasser gestellt oder gelegt. Spezielle Kunststoffbälle oder Styroporplatten an der Oberfläche dämmen das Verdunsten des Wassers ein.

BELÜFTUNG

Für die Sauerstoffversorgung, etwa bei der Herstellung von Essig, eignen sich Pumpen aus dem Aquaristikbedarf (2). Ein zusätzlicher Luftstein sorgt für eine besonders feine Belüftung.

WASSER UND WASSERFILTER

Wird bei der Herstellung eines Fermentationsprodukts Wasser benötigt, etwa bei der Milchsäure-Fermentation in Lake oder der Herstellung eines Wasserkefirs oder Kombuchas, so ist darauf zu achten, dass dieses kalkarm und unchloriert ist. Eventuell Leitungswasser vorher mit einem Wasserfilter filtern.

KÜCHENGERÄTE

Bei der Vorbereitung von Lebensmitteln für die Fermentation können manche Küchengeräte mühsame Handarbeit übernehmen, hilfreich sind z. B. ein Entsafter für Obst und Gemüse (3), eine Küchenmaschine bzw. ein Fleischwolf (4) oder ein Pürierstab zum Zerkleinern von Gemüse oder Nüssen (5). Wird im Vakuumbeutel fermentiert, so wird auch ein Vakuumiergerät (6) benötigt.

MESSGERÄTE

Eine Waage (7) und ein Messzylinder (8) für die genaue Ermittlung von Gewichts- und Mengenverhältnissen sind für die Erstellung und Replizierbarkeit vieler Fermentierprodukte notwendig. Zur Bestimmung des Alkoholgehalts in unseren Rezepten reicht ein Vinometer. Für alle die häufiger Alkohol oder Essig herstellen möchten, empfiehlt sich ein Refraktometer oder eine Öchslewaage (9). Damit lässt sich der Zuckergehalt und darüber dann der Alkoholgehalt genauer als mit einem Vinometer bestimmen. Auch ein pH-Messgerät oder – weniger exakt – pH-Messstreifen zur Säurebestimmung eines Lebensmittels kann für alle interessant sein, die tiefer in die Thematik einsteigen und sich einer Standardisierung nähern wollen. Für erste Versuche ist es jedoch nicht nötig.

BESONDERES EQUIPMENT

Diverses Zubehör zu speziellen Fermentationszwecken, etwa Schlagwerkzeuge für die Vorbereitung mancher Gemüse bei der Lacto-Fermentation oder Butterformen und -stempel, erleichtert die Arbeit.

SONSTIGES EQUIPMENT

Küchenequipment wie Töpfe, Schalen, Siebe, Rührlöffel, Kellen, Reiben, Mandolinen, Schneidebretter und Messer wird bei der Vorbereitung vieler Fermentationsansätze benötigt.

HYGIENE

Sauberes Arbeiten ist essenziell, um haltbare Fermentierprodukte herzustellen und ein Milieu zu schaffen, das den erwünschten Mikroorganismen optimale Bedingungen bietet und gleichzeitig unerwünschte Mikroorganismen eindämmt. Neben einer hygienischen Küchenpraxis können Alkohol zum Desinfizieren (komplett verdunsten lassen! Alternativ Gerätschaften und Gefäße mit kochendem Wasser vorbereiten) und auch Einweghandschuhe an manchen Punkten hilfreich sein.

Fermentation 1: Enzymatische Umwandlung

Wenn eine Pflanze beschädigt wird, laufen biochemische Prozesse zu ihrem Schutz ab. Wird eine grüne Walnuss von einem Käfer angebissen, wird sie an dieser Stelle bald darauf braun. Der Sauerstoff aus der Umgebungsluft initiiert diese Reaktion. Dabei entstehen Bitterstoffe und schützen die Walnuss davor, weitere Fressfeinde anzulocken.

In den meisten Verarbeitungsprozessen von Lebensmitteln gilt Sauerstoff als Gefahr und fördert den Verderb, in manchen Fällen eignet er sich aber als interessante Verarbeitungsmethode. Denn die Oxidationsprodukte können zu besonderen Aromen führen. Vor allem in der Herstellung von Tee und Kakao wird die enzymatische Oxidation gefördert. Beim Tee unterscheidet dies grünen Tee vom schwarzen Tee. Die Blätter für schwarzen Tee werden nach der Ernte gerollt, wodurch ihre Zellstruktur aufbricht. Ätherische Öle werden frei und die enzymatische Bräunung durch Sauerstoff wird initiiert. Trocknung beendet diesen Prozess.

Zwar wird dieses Verfahren heute weitläufig als Fermentation bezeichnet, jedoch wird die hierfür notwendige Aktivität von Mikroorganismen durch die im Prozess entstehenden Bitterstoffe gehemmt. Doch auch ohne Mikroorganismen und nur durch die pflanzeneigenen Enzyme lässt sich das Lebensmittel interessant verändern. Daher starten wir mit diesem Sonderfall der Fermentation.

Das Prinzip der enzymatischen Umwandlung

Vor allem phenolhaltige Lebensmittel eignen sich ideal für die enzymatische Bräunung – dieselben Lebensmittel, die sich bei der Verarbeitung oft schnell verfärben.

Die Ausgangsprodukte

Damit ein Lebensmittel eine enzymatische Bräunung durchlaufen kann, ist Sauerstoff notwendig. Aber wie der Name schon sagt, sind auch Enzyme aus dem Lebensmittel wesentlich für den Prozess. Diese benötigen neben dem Sauerstoff noch ein umzuwandelndes Substrat. Damit eine enzymatische Bräunung eines Substrats ablaufen kann, ist es wichtig, dass das Lebensmittel reich an sogenannten phenolischen Verbindungen ist (z. B. Kaffeesäure und Chlorogensäure). Die phenolischen Verbindungen sollten zudem einen grundlegenden Einfluss auf die Farbe und den Geschmack des Lebensmittels haben. Beispiele dafür sind Teeblätter, Kakaobohnen, Bananen, Äpfel, Quitten, Pfirsiche, Weintrauben, Kirschen, Aprikosen, Kartoffeln, Avocados, Auberginen, Knoblauch, Nüsse und Pilze.

Die Akteure und Bedingungen

Die Enzymgruppe der Polyphenoloxidasen (PPO) ist ausschlaggebend für die Reaktion der enzymatischen Bräunung. Bei den meisten Enzymen handelt es sich um Proteine, welche sehr anfällig für Hitze und Säure sind. Häufig werden diese Enzyme in der Küche durch Prozesse wie Blanchieren inaktiviert, weil eine Bräunung meist unerwünscht ist. Durch den Einsatz von verschiedenen Säuren, wie z. B. durch das Beträufeln eines geschnittenen

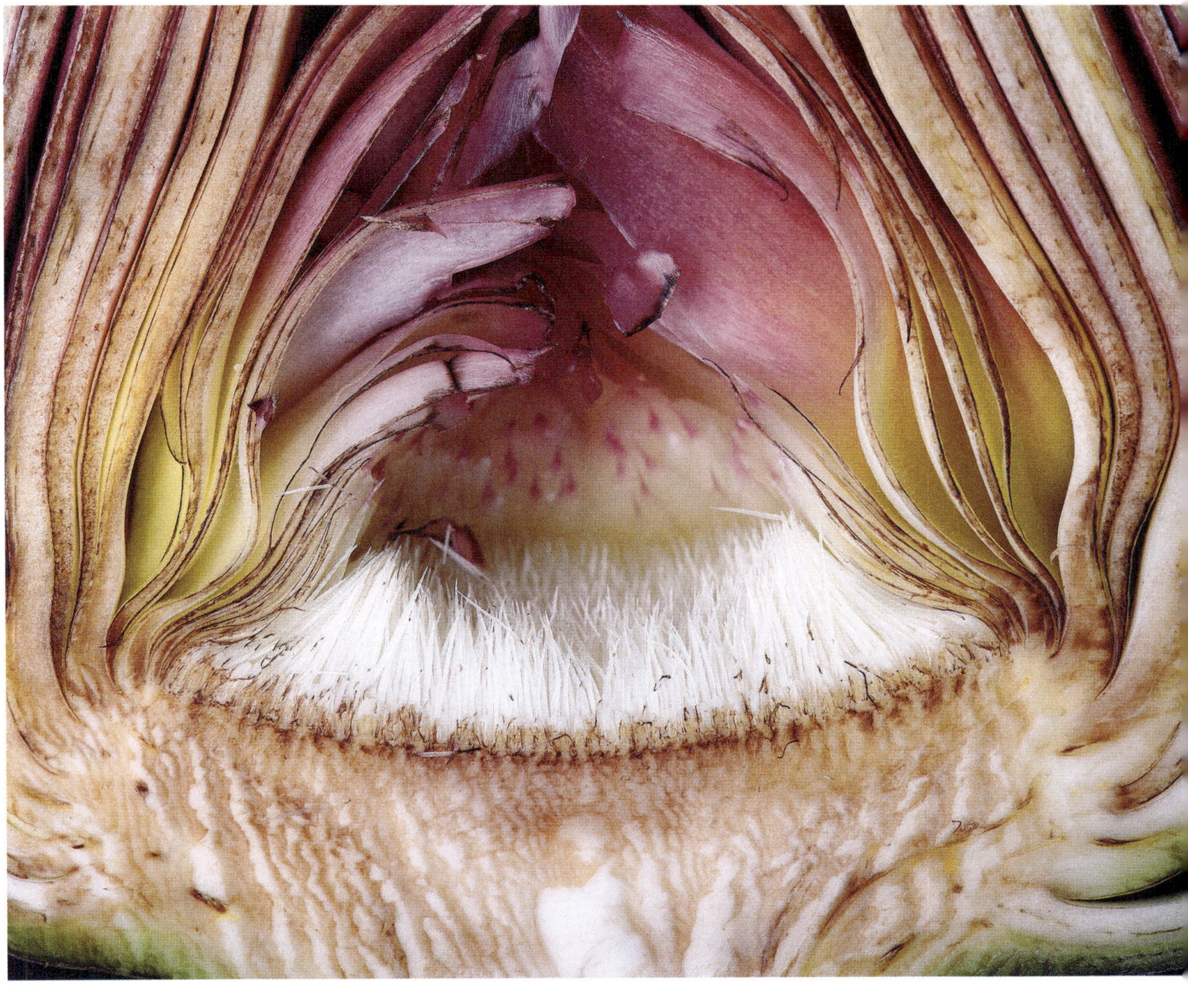

Werden verarbeitete Artischocken nicht mit Säure behandelt, setzt schnell die Bräunung ein.

Apfels mit Zitronensaft, kann das Enzym ebenfalls inaktiviert werden.

Entgegen der meisten lebensmittelverarbeitenden Prozesse, bei denen aus optischen, ästhetischen Gründen versucht wird, diesen Bräunungsprozess zu verhindern, wird für eine maximale enzymatische Bräunung die Oxidation explizit gefördert. Dazu muss der Sauerstoff mit möglichst vielen zerstörten Zellen (geschnittenem, gefrorenem oder gebrochenem Lebensmittel) in Kontakt gebracht werden. Je nach gewünschtem Endprodukt ist das Ausmaß der Zellzerstörung an das Farbergebnis geknüpft – ein Püree oxidiert schneller und wird dunkler als ein halbierter Apfel. Farbe und Geschwindigkeit lassen sich also durch den Grad der Zerkleinerung des Lebensmittels steuern.

Damit die enzymatische Bräunung über einen längeren Zeitraum bakteriell unproblematisch ablaufen kann, ist es sinnvoll, eine Idealtemperatur von 60 °C einzuhalten. Ein regelmäßiger Sauerstoffkontakt, etwa durch Rühren, fördert ebenfalls einen schnelleren, einheitlicheren Bräunungsvorgang.

Durch die Zerstörung der Zellhaut gelangt Sauerstoff an die im Lebensmittel befindlichen Polyphenole. Deren Enzyme reagieren dann mit den Phenolen und initialisieren die Bräunungsreaktionen.

Die Prozesse und Reaktionen

Beim Aufschneiden eines Lebensmittels werden die in den Zellen eingeschlossenen phenolischen Verbindungen dem Sauerstoff ausgesetzt und gehen in eine unmittelbare Oxidation – sie reagieren mit dem in der Umgebungsluft vorhandenen Sauerstoff. Dieser Prozess kann nur durch die Polyphenoloxidase-Enzyme erfolgen. Das entstandene Oxidationsprodukt ist ein Stoff (sog. Chinon), der das Lebensmittel in der Natur vor eindringenden Mikroorganismen schützen soll, wenn es beschädigt wurde. Ein Beispiel dafür ist die stark antimikrobielle Wirkung der Walnusschinone (sog. Juglon), welche hoch konzentriert in den grünen Walnussschalen vorkommen. Ihr Herabfallen sorgt unter anderem dafür, dass unter Walnussbäumen andere Pflanzen nur spärlich wachsen. Chinone sind übrigens besonders reaktionsfreudig mit Proteinen, die auf unserer Haut vorhanden sind. Daher empfiehlt sich beim Verarbeiten phenolhaltiger Lebensmittel das Tragen von Handschuhen.

Dadurch, dass sich die aroma- und farbgebenden phenolischen Verbindungen bei der enzymatischen Bräunung chemisch verändern, ändern sich folglich auch das Aroma und die Farbe des Endprodukts. Im Prinzip ist die enzymatische Bräunung eine zeitlich beschleunigte Reifung durch das Schaffen der Idealbedingungen für die Enzymgruppe der Polyphenoloxidasen. Zeitgleich kommt es auch zu nicht-enzymatischen Bräunungsreaktionen – sogenannten Maillardreaktionen – wie bei Brat- oder Backvorgängen. Dabei laufen komplexe Reaktionen zwischen Bestandteilen der Proteine ab und sorgen für die Entstehung von Aromen.

Die Zellstruktur gebräunter Lebensmittel lockert sich, die Produkte werden weicher.

Das Ergebnis

Nach einer ausgiebigen Oxidation ist das Ausgangsprodukt oder hergestellte Püree stark gebräunt. Der Zellverbund hat sich durch die Enzyme und die dadurch abgelaufenen Reaktionen gelockert und das Produkt ist weicher geworden. Das sonst in Zellen eingeschlossene Wasser kann bei den Temperaturen um 60 °C schneller verdunsten. Ausgangsprodukte mit einem hohen Wasseranteil sind durch den Wasserverlust nun runzelig. Die Aromen haben sich deutlich verändert und weisen eine höhere Komplexität gegenüber ihrem Ausgangsprodukt auf. Die bei den Bräunungsreaktionen synthetisierten Antioxidantien haben zudem positive gesundheitliche Wirkungen. Sie fangen freie Radikale im Körper ein und tragen damit zur Vorbeugung von Krankheiten wie beispielsweise Diabetes und Krebs bei. Dies wurde bei fermentiertem schwarzen Knoblauch ausführlich erforscht.

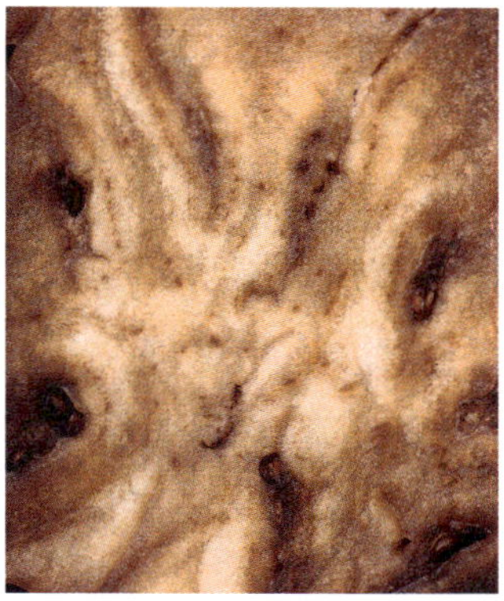

Die Bräunungsreaktion findet von außen nach innen statt. Produkte, die im Ganzen angesetzt werden, können bis zu vier Monate benötigen.

Die enzymatisch gebräunten Produkte können entweder direkt genossen oder weiterverarbeitet werden. Bei Ausgangsprodukten mit hohem Feuchtigkeitsgehalt, die nach dem Bräunungsprozess sehr weich sind, empfiehlt es sich, diese anschließend zu dehydrieren. Dies geschieht entweder als Ganzes oder in Form eines Pürees, um dieses in eine Paste zu verwandeln. Beides kann bei etwa 40 °C dehydriert und dann pur verzehrt oder als Zutat eingesetzt werden. Gekühlt oder tiefgekühlt ist eine Lagerung ohne erhebliche Veränderungen möglich.

Fermentation 2: Lacto-Fermentation

Eine der gängigsten Techniken, Lebensmittel haltbar zu machen und zu verfeinern, ist die Lacto-Fermentation (Milchsäuregärung; Milchsäure = Lactat). Ermöglicht wird sie durch Milchsäurebakterien (Lactobazillen, LAB), die uns mit ihrer Omnipräsenz und Anspruchslosigkeit weltweit delikate Produkte bescheren: von Sauerkraut über Salzgurken, Butter, Käse, Oliven, Joghurt, Sauerteigbrot, Chutneys, Kwass, Kimchi bis hin zu Tsukemono, um nur einige wenige zu nennen.

Lacto-Fermentation ist ein unkomplizierter Einstieg, um ohne besonderes Equipment relativ spontan Produkte zu veredeln – sei es, um der Beeren- oder Kürbisschwemme und zu viel gekauftem Gemüse Herr zu werden oder oft aussortierte Gemüseteile wie Mangold-, Kohl- und Brokkolistrünke, aber auch vermeintliche Reste, etwa Wassermelonenschalen, in wahre Genüsse zu verwandeln. Wer häufig lacto-fermentierte Lebensmittel isst, profitiert zudem gesundheitlich: Milchsäurebakterien fördern eine gesunde Mikrobiota und eine gute Verdauung. Dies ist neben dem Geschmack ein essenzieller Unterschied zu anderen Konservierungsmethoden, bei denen das Wachstum von Mikroorganismen unterbunden werden soll, wie beim Sauereinlegen/Pickeln (die Säure ist hier Zutat, während beim Fermentieren die milchsaure Lake ein Ergebnis ist) oder Einwecken. Beides sind zwar Haltbarmachungs-, aber keine Fermentationsmethoden.

Das Prinzip der Lacto-Fermentation

Diverse Lebensmittel lassen sich milchsauer fermentieren, besonders mit Gemüse lassen sich schnell spannende Ergebnisse erzielen.

Die Ausgangsprodukte

Bei der Lacto-Fermentation werden Kohlenhydrate durch Milchsäurebakterien verstoffwechselt. Die Bakterien gewinnen Energie aus diesen Prozessen und können sich bei einem reichhaltigen Angebot im Substrat ideal vermehren. Die Komplexität der Kohlenhydrate beeinflusst die Intensität und Geschwindigkeit der Fermentation. Es können sowohl einfache Kohlenhydrate wie die Lactose in Milchprodukten als auch die Saccharose oder Fructose in Früchten und Gemüse Ausgangsprodukte sein. Aber auch komplexere Kohlenhydrate wie Stärke aus Getreide können genutzt werden. Milchsäurebakterien können sogar Proteine synthetisieren – das ist vor allem bei der Herstellung von Joghurt, Quark, Buttermilch und Käse ausschlaggebend. Auch in der Herstellung von Sauerteigbroten übernehmen Milchsäurebakterien eine wichtige Rolle. Die Milchsäuregärung findet überwiegend anaerob, also ohne Sauerstoff statt.

Die Akteure und Bedingungen

Lactobazillen kommen an vielen Orten in unserer Umgebung vor, sowohl auf den Produkten, die wir fermentieren möchten, als auch in unserem Organismus, etwa auf unserer Haut. Sobald ein Lebensmittel geerntet wurde, beginnt dessen Zersetzung durch Mikroorganismen.

Bei der Milchsäuregärung verbrauchen zu Beginn des Gärprozesses zunächst noch sauerstoffliebende (aerobe) Mikroorganismen den noch im Gärgefäß vorhandenen Sauerstoff und scheiden dabei Säuren aus. In der Folge wird das Milieu im Gärgefäß saurer und es ist bald kein Sauerstoff mehr vorhanden. Während den sauerstoffliebenden Mikroorganismen jetzt die Lebensgrundlage fehlt, können sich unter diesen Bedingungen nun Milchsäurebakterien optimal im Fermentiergut vermehren (s. auch »Prozesse und Reaktionen«).

Die Temperaturspanne für die Milchsäuregärung ist recht groß. Für Gemüse sind Temperaturen um 20 °C ideal. Höhere Temperaturen sorgen für die Aktivierung anderer Organismen. Bei der Herstellung von Joghurt sind 40 bis 50 °C für das Wachstum der gewünschten Kulturen ideal. Im Sauerteig verdauen Lactobazillen die Kohlenhydrate des Getreides vor und sorgen so für die typische Säuerung. Vor allem die Endprodukte Milch- und Essigsäure sind hierbei für das Aromenprofil des entstehenden Produktes wesentlich. Durch das Fermentieren bei höheren Temperaturen, um die 28 °C, werden eher Milchsäure produzierende Bakterien gefördert. Eine niedrigere Temperatur um 25 °C führt zu einer langsamen und milderen Säuerung des Teiges. Durch die relativ kühle Teigführung haben Aromen mehr Zeit, sich zu entwickeln. Je wärmer ein Lebensmittel bei der Fermentation steht, desto schneller fermentiert es zwar, allerdings unter Einbußen der Geschmackskomplexität.

Die Zugabe von Salz ist nicht nötig, hat aber viele Vorteile. Neben Würze sorgt es für die Hemmung anderer Mikroorganismen und schafft so Raum für das Wachstum von Lactobazillen (zu viel Salz entzieht allerdings auch den Lactobazillen den Lebensraum!). Salz trägt auch zum Erhalt der Konsistenz bei, indem es pektinabbauende Enzyme hemmt. Verwendet werden sollte nur hochwertiges, reines und naturbelassenes Salz ohne Rieselhilfen, Jod- oder Fluorzusatz, z. B. ein Meersalz.

Trübe Lake ist dicht besiedelt mit Milchsäurebakterien – die Trübung verweist auf einen guten Fermentationsverlauf.

Die Kombination verschiedenster Gemüse und Gewürze macht das Geschmacksspektrum quasi grenzenlos.

Die Prozesse und Reaktionen

Für den Start der milchsauren Gärung ist es elementar, den Bakterien Kohlenhydrate aus dem zu fermentierenden Lebensmittel bereitzustellen. Bei Pflanzen macht hierfür die Zerstörung der Zellstruktur die Kohlenhydrate leichter zugänglich. Dies kann durch Zerkleinern erfolgen, etwa das Raspeln von Weißkohl für Sauerkraut. Auch Kneten oder Stampfen greift die Zellstruktur an. Die Zugabe von Salz unterstützt mittels Osmose den Austritt von Zellwasser. Dies trägt unter anderem dazu bei, dass das Substrat von der Flüssigkeit geschützt wird und von unerwünschten Mikroorganismen abgeschirmt fermentieren kann. Bringt der Rohstoff nicht genügend eigenen Zellsaft mit oder will man die Struktur, beispielsweise bei empfindlichen Lebensmitteln, nicht zerstören, kann das Lebensmittel im Fermentationsgefäß mit Salzlake aufgegossen und gegen das Auftreiben mit Gewichten beschwert werden. Auch das Fermentieren im Vakuumbeutel im eigenen Zellsaft oder unter Zusatz von Lake empfiehlt sich besonders bei empfindlichen, weichen Lebensmitteln.

Sauerkraut hat im Vergleich zum rohen Weißkohl einen niedrigeren pH-Wert.

Die Lactobazillen beginnen unter Nutzung von eventuell noch vorhandenem Sauerstoff die Kohlenhydrate (unter Freisetzung von Kohlendioxid, das aus dem Gefäß entweichen können sollte) zu Milchsäure und einem kleinen Anteil Essigsäure und Ethanol (einwertiger Alkohol) zu verstoffwechseln (= heterofermentative Milchsäuregärung). Ist der Sauerstoff verbraucht und steigt die Milchsäurekonzentration an, werden die heterofermentativen, säuresensiblen Lactobazillen gehemmt. Die nun dominierenden homofermentativen Lactobazillen produzieren nur Milchsäure (= homofermentative Milchsäuregärung).

Wann die Fermentation abgeschlossen wird, ist Geschmackssache. In der Regel benötigen die meisten Gemüsefermente etwas mehr als zwei Wochen. Zum Beenden kann man das Fermentiergut in den Kühlschrank stellen. Hier kommt die Aktivität der Bakterien nicht vollständig zum Erliegen, wird aber stark gehemmt. Auch das anschließende Trocknen im Dörrautomaten kann zu spannenden Produkten und Geschmäckern führen.

Das Ergebnis

Da die Mikroorganismen Säuren synthetisierten, haben die milchsauren Endprodukte gegenüber ihren Rohstoffen immer einen niedrigeren pH-Wert, sie sind also saurer (pH-Werte verschiedender Lebensmittel und anderer Medien s. S. 37 Grafik). Durch gezieltes Stoppen oder Fördern der Aktivität der Milchsäurebakterien – sie sind etwa bis zu einem pH-Wert von 3,8 aktiv – lässt sich der Säuregehalt eines milchsauren Lebensmittels beeinflussen. Ein säurehaltiges Medium ist demnach ein Ergebnis aus dem Fermentationsprozess und gibt Auskunft über den Verlauf einer Fermentation. Da saure Medien für viele Organismen, darunter gesundheitsschädliche Mikroorganismen wie Escherichia coli oder Salmonellen, keine günstigen Wachstumsbedingungen bieten, sind fermentierte Produkte im Vergleich zu den Rohstoffen immer länger haltbar.

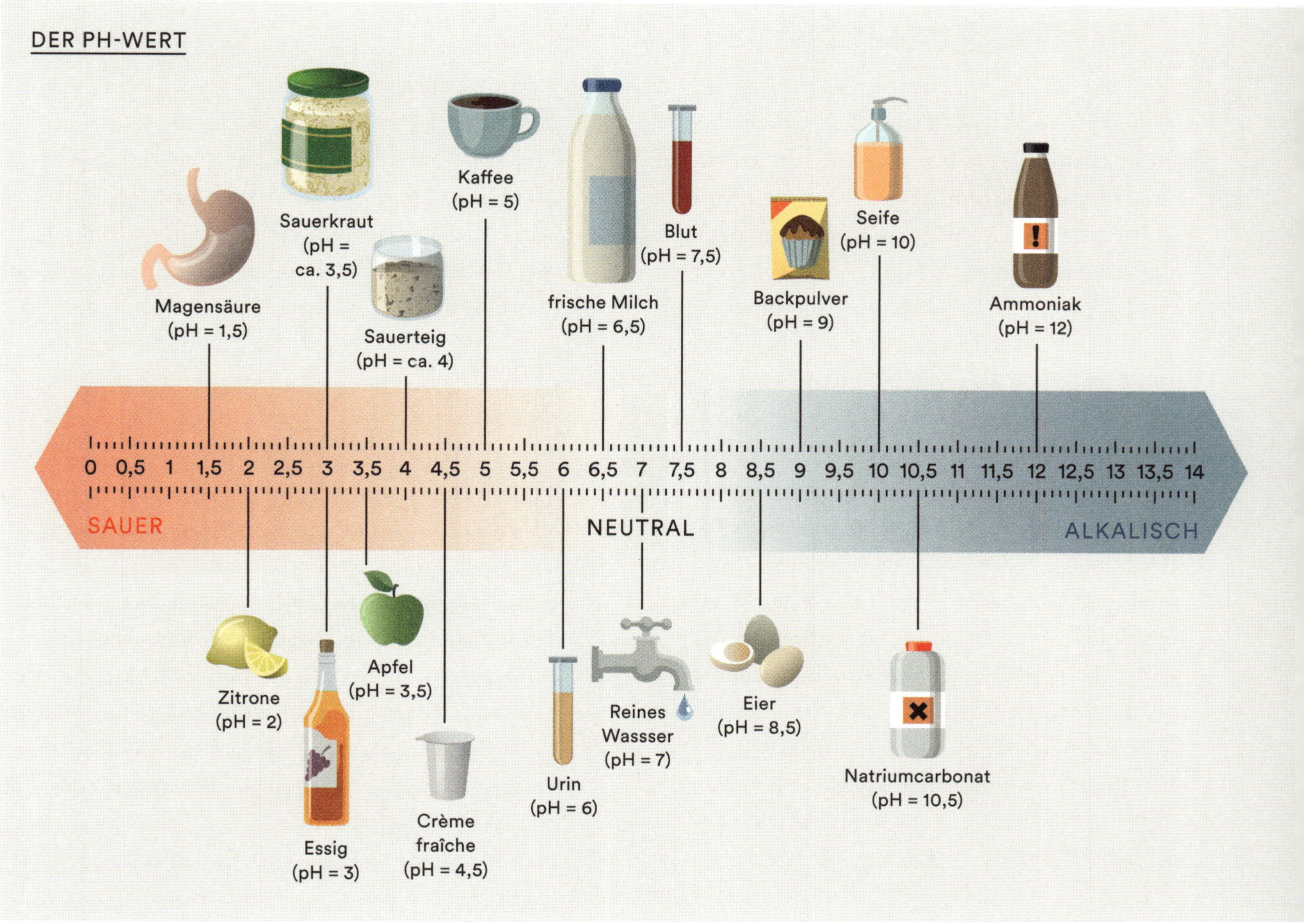

Der pH-Wert gibt an, wie sauer oder basisch ein Lebensmittel ist. Er wird auf einer Skala von 0 bis 14 angegeben, wobei reines Wasser mit einem pH-Wert von 7 den neutralen Mittelpunkt darstellt. Fast alle Lebensmittel befinden sich mit einem pH-Wert zwischen 0 bis 7 im sauren Bereich.

Die Säuerung durch Milch- und Essigsäure bereichert den Geschmack des Lebensmittels und gibt ihm eine erfrischende Note. In der Türkei wird z. B. »Şalgam«, ein lacto-fermentierter Gemüsesaft, als durstlöschendes Getränk zu gegrilltem Fisch serviert. Ähnlich erfrischend ist Ayran, der großteils aus Joghurt – also milchsauer fermentierter Milch – besteht und zu Fleischgerichten gereicht wird. Für die Milchverarbeitung ist die Milchsäuregärung elementar, fast ausnahmslos alle Käsesorten werden so hergestellt. Durch Fermentationsprozesse erweitert sich auch das Aromenspektrum: Es reicht von ganz milden Aromen, wie bei lacto-fermentierten Früchten, milden Käsesorten oder Sauerteigbroten, bis hin zu kräftigen, wie bei Kohlsorten – hier besonders die dunklen Sorten mit ihren geschmacksprägenden Glucosinolaten. Aromenstarke Zutaten lassen sich daher ideal mit milchsauren Produkten kombinieren. Auch der Fermentationssud kann z. B. Saucen (z. B. Buttersaucen oder Vinaigrettes) bereichern. Er kann aber auch Basis für Getränke sein, z. B. ergibt der Sud der milchsauer vergorenen Zwetschgen (s. S. 80) mit Mineralwasser und etwas Süße ein tolles Herbstgetränk.

Fermentation 3: Kombucha

Einer der schnelldrehendsten Konsummärkte ist der Markt für Getränke. Bunte, aromatisierte Flüssigkeiten, zum Teil sogar mit »Zusatzfunktionen«, drängen sich im Preiskampf von Verhandlung zu Verhandlung gegenseitig aus den Supermarktregalen. Etwas in Vergessenheit geraten sind dabei die wundervollen traditionellen Getränke, die verschiedenste Völker und Kulturen in Jahrtausenden vorher entwickelt und genossen hatten. Eines davon ist Kombucha. Das Getränk auf Teebasis wurde schon etwa 250 v. Chr. in der chinesischen Qin-Dynastie als Gesundheitselixier eingesetzt und dokumentiert. Der koreanische Arzt Kombu soll es in Asien weiter verbreitet und ihm seinen Namen gegeben haben. Im 19. Jahrhundert wurde Kombucha via Russland (dort als »Teepilz« bekannt) nach Europa gebracht und erfreute sich dort großer Beliebtheit.

Trotz der Bandbreite moderner Softdrinks hielt sich die häusliche Tradition der Kombuchaherstellung vor allem in Asien und manchen Teilen Europas. Was als alternatives Heilgetränk zunächst nur langsam wieder auf der Bildfläche erschien, entwickelt sich nun mehr und mehr zum hippen Getränk und zur Spielwiese für experimentierfreudige Heimfermentierer. Kleine Kombuchabrauereien, eifrige Gastronomen und kreative Food-Start-ups sind Wegbereiter zur Bewahrung der traditionellen Getränke und transportieren diese so in die moderne Geschmackswelt für bewusste Konsumenten.

Das Prinzip Kombucha

Obwohl sich der Scoby vor allem in gezuckerten Teeauszügen besonders wohl fühlt, lassen sich auch gezuckerte Auszüge aus Kräutern oder Fruchtsäften fermentieren.

Die Ausgangsprodukte

Tee, als Brühauszug der chinesischen Teepflanze (Camellia sinensis), ist das ursprüngliche Ausgangsprodukt für klassischen Kombucha. Besonders der schwarze Tee, welcher eine enzymatische Oxidation durchlaufen hat (s. S. 26 ff., »Die enzymatische Umwandlung«), eignet sich besonders gut zur Herstellung von Kombucha und sorgt für geschmackliche Noten und Facetten. Neben dem Tee stellen Kohlenhydrate essenzielle Nährstoffe für die involvierten Mikroorganismen dar, die in Form von Zucker (z. B. Rüben-, Rohr-, Kokosblütenzucker) oder anderen pflanzlichen Zuckerquellen wie Agavendicksaft, Ahornsirup, Fruchtsäften oder auch Honig bereitgestellt werden. Abhängig von der persönlichen Präferenz von Säure zu Restsüße sollte der Zuckergehalt bei rund 10 Prozent liegen.

Die Akteure und Bedingungen

Der Hauptdarsteller bei der Herstellung von Kombucha ist ein besonderer aerober, kooperativer Zusammenschluss verschiedener Mikroorganismen. Hierbei handelt es sich um eine symbiotische Kolonie von Bakterien und Hefen, kurz Scoby genannt (engl. symbiotic culture of bacteria and yeasts = Symbiose aus Bakterien und Hefen). Die Bakterien sind vor allem Essigsäurebakterien der Art Komagataeibacter xylinus. Das Besondere der Hefen ist, dass sie, wie auch beim Wein, je nach Ursprungs- und Umgebungsort sehr spezifisch sind. Die Symbiose manifestiert sich in einer organischen Struktur, die häufig fälschlicherweise als »Pilz« oder auch »Teepilz« betitelt wird. Biologisch handelt es sich nämlich nicht um einen Pilz, sondern um eine »zoogleale Matte«: ein Gebilde aus Cellulose, die von den Essigsäurebakterien ausgeschieden wird. Dieser opake, gelatinös wirkende Scoby ist vor allem so faszinierend, weil er sehr schnell wächst. Kaffeine und Xanthine, beides Bestandteile des Tees, stimulieren das Wachstum. Dies ist zunächst auf der Oberfläche der Flüssigkeit, in der der Scoby angesetzt wurde, zu sehen. Allmählich, vor allem wenn der Essigsäureanteil größer wird, wächst der Scoby scheibenartig in die Flüssigkeit und kann dabei mehrere Zentimeter dick werden.

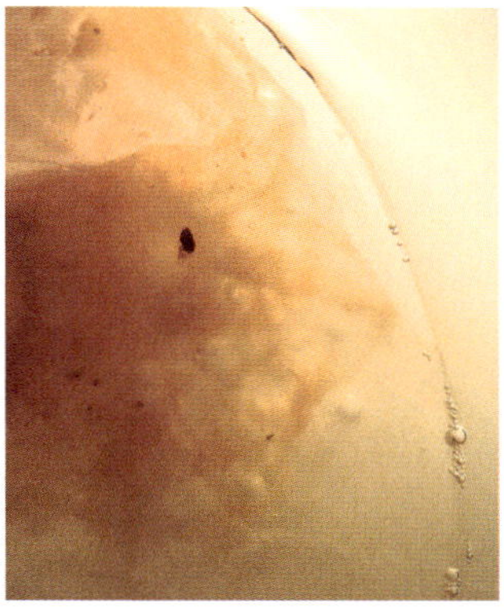

Bei einem gut verlaufenden Fermentationsstart bildet sich bald der dünne Scoby auf der Oberfläche der Flüssigkeit.

Das Essigbakterium Komagataeibacter xylinus ist hauptsächlich verantwortlich für die Celluloseproduktion.

Für die Herstellung von Kombucha wird immer eine Starterkultur in Form einer bereits fermentierten Kombuchalösung benötigt. Die Menge der Kombucha-Starterkultur liegt etwa bei 10 Prozent der Tee-Zucker-Lösung, damit sich schnell die gewünschte mikrobielle Zusammensetzung und ein saures Milieu einstellt. Besonders wichtig ist, den Starter erst hinzuzugeben, wenn der gezuckerte Tee auf Raumtemperatur abgekühlt ist.

Die Kombuchafermentation findet idealerweise bei leicht erhöhter Raumtemperatur statt (ca. 24 °C). Daher ist der Scoby in den Sommermonaten viel aktiver als im Winter und muss häufiger mit Zucker und Tee »gefüttert« werden. Durch Herabkühlen des Fermentierguts kann der Prozess entschleunigt werden. Wenn der Kombucha das gewünschte Säure-Restsüße-Verhältnis erreicht hat und einigermaßen stabil bleiben und nicht weitergären soll, kann er gefiltert und anschließend im Kühlschrank gelagert werden. Allerdings dürfen der Scoby und die Starterflüssigkeit nie in den Kühlschrank! Im gekühlten fertigen Getränk wird der übrige Zucker noch ein wenig abgebaut. In einem luftdicht verschlossenen Gefäß kann man den Kombucha bei

Der Scoby wird von Fermentation zu Fermentation dicker, kann aber gut geteilt werden – denn es gilt nicht: je dicker, umso besser. Er wächst vor allem, wenn die Essigbakterien überhand nehmen.

vorhandener Restsüße karbonisieren, was in einem erfrischend moussierenden Getränk resultiert. Nach der Filterung lässt sich die Fermentation gänzlich durch Pasteurisierung stoppen. Dabei reduziert man allerdings alle probiotischen und gesundheitsfördernden Wirkstoffe stark. Viele der im Handel erhältlichen Kombuchagetränke werden so standardisiert, um Kunden gleichbleibenden Geschmack zu gewährleisten. Spannender und gesünder ist Kombucha natürlich unpasteurisiert. Wenn man gekauften Kombucha als Starterkultur verwenden möchte, sollte man daher auf ein unbehandeltes Rohprodukt zurückgreifen – bei hochwertigen Produkten sieht man häufig schon einen zarten, jungen Scoby-Ableger in der Flasche.

Die Prozesse und Reaktionen

Bei der Fermentation mit Kombucha finden diverse parallel laufende Mikrofermentationen ab, welche sich gegenseitig bedingen. Eine besondere Bedeutung kommt den Hefen und Essigsäurebakterien, darunter vor allem Acetobacter xylinum, zu. Die Hefen verstoffwechseln den Zucker in kleinere Bausteine, Kohlendioxid und Ethanol (einwertiger Alkohol). Die Essigsäurebakterien transformieren die vorverdauten kleineren Zuckermoleküle und vor allem den Ethanol in Essigsäure und Gluconsäure, eine Fruchtsäure. Diese Kombination der Stoffwechselprodukte aus Säuren und Alkohol haben antimikrobielle Wirkungen auf das Substrat, welches dadurch gegenüber Fremdorganismen geschützt ist. Ein kleiner Teil des Alkohols verbleibt meist im fertigen Getränk, was in einem maximalen Alkoholgehalt von 1 Prozent resultiert. Die Essigsäurekonzentration kann in extremen Fällen bis zu 3 Prozent erreichen, liegt in der Regel aber ebenfalls um 1 Prozent. Eine Gluconsäurekonzentration von 2 Prozent ist typisch. Diese Balance funktioniert, solange den Hefen hinreichend Substrat in Form von Zucker zur Verfügung steht. Die charakteristische frische Säure des Kombuchas kommt durch die beschriebene Essig- und Gluconsäure. Weiter ergänzt wird dieser Säurecocktail durch weitere von den Mikroorganismen produzierte Säuren wie Äpfelsäure, Milchsäure, Usninsäure und Buttersäure. Unter einwandfreien Bedingungen hergestellte Kombuchas tragen bei regelmäßigen Konsumenten zu einem Wohlgefühl bei. Dies erklärt neben dem Geschmack die lange Tradition und den guten Ruf des gebrauten Getränks. Das entstehende Säuregemisch ist zugleich auch hilfreich für die Haltbarkeit von Kombucha. Da diese Säuren jedoch auch mit diversen Materialien reagieren können, sollte Kombucha stets in lebensmitteltauglichem Glas, Porzellan oder Hartplastik fermentiert sowie aufbewahrt und nur mit Löffeln aus solchen Materialien probiert werden.

Das Ergebnis

Wann ein Kombucha fertig gebraut ist, hängt von der persönlichen Präferenz für Süße und Säure ab. In erster Linie gilt: probieren! Zur Perfektionierung des eigenen Rezepts kann der individuelle ideale pH-Wert (z. B. durch pH-Streifen) ermittelt werden. Zusätzlich kann der Restzuckergehalt (mithilfe eines Refraktometers) bestimmt werden, um allmählich einen Standardansatz zu entwickeln. Die Entfernung des Scoby aus dem Kombuchaansatz, stoppt der Abbauprozess des Zuckers nicht. Die Flüssigkeit ist voller Bakterien, welche sich weiter am Restzucker bedienen. Dies ist bei der Entscheidung über die optimale Säure-Süße-Balance und den idealen Verzehrszeitraum zu bedenken.

Die Restaktivität des Kombuchas lässt sich zur Karbonisierung in einer Zweitfermentation nutzen. Wird ein Kombucha mit Restsüße nach der Entfernung des Scoby in Flaschen abgefüllt und gut verschlossen gelagert, verbleibt das entstehende Kohlendioxid im Getränk. Der in der Flasche entstehende Druck kann je nach Restzucker oder mittels Nachzuckerung gesteuert werden. Vorsicht: Es kann schnell enormer Druck entstehen, der Glasflaschen zum Platzen bringen kann. Deshalb sollten möglichst dickwandige Flaschen zum Einsatz kommen. Bei der Zweitfermentation kann der Kombucha zusätzlich durch die Zugabe von frischen Kräutern aromatisiert werden. Auch kann das Nachzuckern für die Zweitfermentation mit frischen Früchten erfolgen, die dem Kombucha individuelle, saisonale Noten verleihen.

Neben dem puren Trinkgenuss, etwa als facettenreiche alkoholfreie Begleitung, ist Kombucha auch eine reizvolle Zutat für Cocktails und Longdrinks. Auch das Kombinieren mit zusätzlichen Lebensmitteln oder das Kochen zu einem würzigen Kombuchasirup (Rezepte s. S. 168 und 180) erweitert die kulinarische Welt. Dies sind reizvolle Einsatzbereiche für die häusliche Kombuchaproduktion.

Luftdichtes Verschließen von restsüßem Kombucha ermöglicht die Karbonisierung.

Zucker kann in Form von frischem Obst zugegeben werden und so die Karbonisierung fördern.

Fermentation 4: Kefir

Milch wird an vielen Orten der Welt konsumiert und verarbeitet. Zwar wird inzwischen vorrangig die Milch von Kühen gemolken, doch beschäftigen sich die Menschen seit Jahrtausenden mit der Verarbeitung und Haltbarmachung der Milch verschiedener Tiere. So haben sich Schäfer im Kaukasus ein natürliches Phänomen zu eigen gemacht, um Milch haltbar zu machen und geschmacklich zu verfeinern. Sie beobachteten, dass sich in Beuteln aus Tierhäuten transportierte Milch in ein dickliches, prickelndes, schäumendes Getränk verwandelt. »keyif« – türkisch für »genuss-« oder »wonnevoll« – soll dann der Namensgeber für ein Produkt geworden sein, das sich von Osteuropa in die Welt verbreitet hat. Seit Jahrtausenden werden die in der Fermentation entstehenden Kefirkristalle verwendet und weitergegeben. Die Kefirgetränke im Kühlregal der Supermärkte haben allerdings wenig mit handwerklich hergestelltem Kefir zu tun. In der Regel werden Industrieprodukte mit einer selektierten, reduzierten Bakterienkultur produziert.

Milchkefir teilt seinen Namen mit Wasserkefir, der anstelle von Milch mit Wasser, Säften und anderen wasserbasierten Flüssigkeiten sowie Zuckern, Zitronen und Trockenobst hergestellt wird. Die Mikroorganismen unterscheiden sich bei beiden Fermentationsarten. Die Ursprünge des Wasserkefirs sind nicht präzise zu verorten, sowohl in Mexiko als auch in Teilen Asiens gab es früh Ausprägungen.

Das Prinzip Kefir

Milch- und Wasserkefirkristalle haben unterschiedliche Medien: Milchkefirkristalle können diverse Milchsorten, Wasserkefirkristalle diverse Fruchtgetränke oder gesüßte Flüssigkeiten fermentieren.

Die Ausgangsprodukte

Wie der Name schon impliziert, ist Milch das Ausgangsprodukt für Milchkefir. Hierbei kann jede tierische Milch verwendet werden, das Ergebnis variiert dementsprechend im Geschmack. Charaktergebend ist die Umwandlung des in der Milch befindlichen Milchzuckers, der Lactose. Die Umwandlung von pflanzenbasierten Milchersatzgetränken (Getreidedrinks) kann durch Milchkefir nur unter Zugabe von Milchzucker erfolgen, da hier keine Lactose vorhanden ist.

Für Wasserkefir hingegen dienen Zucker wie Saccharose und Fructose als Nährstoffe für die involvierten Mikroorganismen. Basis kann hier sowohl der Saft von Pflanzen wie Früchten, Gemüsen oder – wie beim mexikanischen Getränk »Tibi« – Kakteen sein. Auch weitere wasserbasierte Flüssigkeiten können mit Saccharose versetzt und zur Herstellung von Wasserkefir genutzt werden. Getreidedrinks eignen sich ebenfalls als Ausgangsprodukte für Wasserkefir. Die Zuckermenge kann nach persönlicher Präferenz gewählt werden (etwa 5 bis 10 Prozent sind hierbei ein guter Richtwert) und ist wie beim Kombucha abhängig vom gewünschten Restsüße-Säure-Verhältnis. Zur Förderung der direkten pH-Wert-Senkung ist es beim Wasserkefir ratsam, den Saft von einer halben Bio-Zitrone und 1 bis 2 Scheiben Bio-Zitrone pro

Liter in den Ansatz zu geben. Wichtig ist, dass es sich um eine gute, unbehandelte Zitrone handelt. Neben der Zitrone ist die Zugabe von unbehandeltem Trockenobst (z. B. Datteln, Feigen, Rosinen) fermentationsförderlich und liefert den Kefirknollen Nährstoffe. Sowohl zur Herstellung von Milch- als auch Wasserkefir wird eine Starterkultur benötigt, um die Fermentation zu initiieren. Die Menge an zugegebenen Kefirknollen zu Fermentationsbeginn ist entscheidend für den pH-Wert, die Textur und die mikrobiologische Komplexität des Endproduktes. Auf 1 Liter Ansatz sollte etwa 1 Esslöffel Kefirknollen gegeben werden.

Milchkefirknöllchen wandeln ihr Substrat in wenigen Tagen in ein säuerliches Medium.

Die Akteure und Bedingungen

Hauptakteure sind die sogenannten Kefirkristalle – eine Symbiose vieler Mikroorganismen, die gemeinsam das Rohprodukt in den gleichnamigen Kefir umwandeln. Hierbei handelt es sich um verschiedenste Arten: die dominierenden Milchsäurebakterien mit etwa 80 bis 90 Prozent Anteil (vor allem Lactococcus lactis und Lactobacillus helveticus), gefolgt von Hefen und Essigsäurebakterien. Diese verbinden sich in der kristallartigen Matrix aus Zuckerrückständen zu Polysacchariden (Mehrfachzuckern), z. B. dem »Kefiran«. Diese kristallförmigen Knollen variieren in der Größe und ähneln kleinen, weißen oder cremefarbenen Blumenkohlröschen beim Milchkefir und fast durchsichtigen Zucker- oder Kandisstücken beim Wasserkefir. Kristalle, die nicht im Fermentationseinsatz sind, können getrocknet gelagert werden. Bei guter Pflege wachsen die Kefirkristalle in ihrer Größe und vermehren sich sehr schnell. Milchkefirknollen sollten nur mit Milch »gewaschen« werden, nicht mit fließendem Leitungswasser. Bei Wasserkefirkristallen ist das Waschen mit Leitungswasser hingegen unproblematisch.

Die Wasserkefirkristalle wachsen bei guter Pflege schnell an und lassen sich gut teilen.

Die Fermentation von Kefir findet bei Raumtemperatur statt. Eine Reduktion der Temperatur verschiebt auch die Aktivität der einzelnen Mikroorganismen und kann somit eine spannende Möglichkeit sein, das Endprodukt geschmacklich zu gestalten. Obwohl Milchkefir ursprünglich in Lederbeuteln hergestellt wurde, eignen sich für die häusliche Herstellung Gefäße, die nicht mit Säuren reagieren, bevorzugt Glas. Dieses ermöglicht es zudem, den Fermentationsprozess mit den tanzenden Kristallen gut im Auge zu behalten. Das Besondere an Kefirfermenten ist die Reaktions- und Wachstumsgeschwindigkeit – Milchkefir ist innerhalb von 24 bis 48 Stunden fertig fermentiert.

Die Prozesse und Reaktionen

Die Herstellung von Milchkefir findet im geschlossenen Gefäß unter Ausschluss von Sauerstoff statt. Die beteiligten Mikroorganismen verstoffwechseln die Nährstoffe der Milch und können sich dadurch vermehren; die Kefirkristalle wachsen.

Die Umwandlung des Milchzuckers (Lactose) durch die Lactobazillen ermöglicht es den Hefen, die nun kleineren Zuckermoleküle zu Kohlendioxid und Alkohol – aufgrund der Sauerstoffabwesenheit – zu synthetisieren. Die bald dominierenden Hefen sorgen dann für das Wachstum der aromaproduzierenden Lactokokken. Im weiteren Verlauf der Fermentation dominieren durch den gefallenen pH-Wert die Milchsäurebakterien gegenüber den Hefen. Die Kombination an produzierter Milchsäure und Ethanol fördert die Verstoffwechslung durch Essigsäurebakterien. Die Stoffwechselprodukte dieser mikrobiellen Vielfalt setzen sich aus Milchsäure, Ethanol, Essigsäure und Kohlendioxid zusammen.

Die Reaktionen bei der Herstellung eines Wasserkefirs verlaufen ähnlich, als Nährstoffe dienen jedoch die in den Ansätzen vorherrschenden Zuckerarten (z. B. Fructose und Saccharose). Außerdem wird Wasserkefir nicht anaerob, sondern nur mit einem Stofftuch oder einem aufliegenden Deckel fermentiert. Die Verstoffwechslung führt durch diesen aeroben Prozess zu einer etwas anderen bakteriellen

Die kristallartigen Knöllchen sind das Ergebnis der Symbiose verschiedener Bakterien und Hefen.

Mikroflora und somit auch zu anderen Endprodukten. Die weiteren Zutaten im Wasserkefir, Zitrussaft und Trockenobst, haben neben ihren funktionalen Eigenschaften auch einen Einfluss auf die Aromatik des fertigen Wasserkefirs und können daher kreativ variiert werden.

Bleiben die Knöllchen lange im Ansatz, trennt sich die Molke vom Rest der Milch ab.

Mit Kräutern kann Kefir in der Zweitfermentation aromatisiert werden.

Das Ergebnis

Wenn dünnflüssige Milch sich in ein dickliches, leicht sämiges Getränk mit feinen Bläschen verwandelt, ist das besonders faszinierend. Aromatisch vorrangig ist bei Kefir das charakteristische Säuregemisch – besonders Milch- und Essigsäure, aber auch andere organische Säuren wie Buttersäure, Ameisensäure oder Oxalsäure entstehen im Fermentationsprozess. Ein kleiner Anteil an Alkohol sorgt gemeinsam mit dem anaerob entstandenen Kohlenstoffdioxid für das prickelnde Mundgefühl. Das synthetisierte Kefiran trägt mit seinen gelbildenden Eigenschaften zur dicklich-sämigen Konsistenz bei und sorgt für die Stabilisierung der Bläschen. Da der Milchzucker bei langer Fermentationszeit nahezu komplett verstoffwechselt wird, eignet sich Kefir auch für Menschen mit Lactoseintoleranz. Die probiotischen Eigenschaften von hausfermentiertem, unpasteurisiertem Kefir geben ihm den Ruf, eines der gesündesten milchbasierten Lebensmittel zu sein.

Wasserkefir ist ebenfalls leicht perlend, bleibt jedoch dünnflüssig. Auch wenn der Geschmack stark vom Ausgangsprodukt abhängt, so kann er von feinwürzig, etwa beim Einsatz von Gemüsesaft, bis hin zu fruchtig-frisch bei fermentierten Fruchtsäften sein. Allerdings behält Kefir immer seine reizvollen, charakteristischen Aromanoten. Die angereicherte Fruchtsäure im Ansatz (meist von Zitrusfrüchten) trägt zusätzlich zum Ausbalancieren des Geschmacks bei. Um die erfrischende Wirkung zu unterstützen und die Haltbarkeit zu verlängern, kann Kefir nach dem Sieben (um die Kristalle zu separieren) gekühlt und in einem luftdicht verschließbaren Gefäß karbonisiert werden. Für die sogenannte Zweitfermentation können noch weitere Früchte, Kräuter, Blüten oder Sirupe zur Aromatisierung und Kohlendioxidproduktion zum Kefir gegeben werden. Doch auch hier gilt Vorsicht: Die Zweitfermentation sollte nur in dickwandigen Glas- oder Steingutgefäßen stattfinden. Gerade bei den ersten Karbonisierungsversuchen und bei Raumtemperatur sollte man anfangs lieber öfter den Fortschritt kontrollieren, bevor die Flaschen platzen (s. S. 43, Kombucha).

Fermentation 5: Hefe und alkoholische Gärung

Mit einem Alter von etwa 13 000 Jahren ist die Verwendung von Hefen zur Herstellung alkoholischer Getränke das vermutlich älteste Fermentationsverfahren. Die berauschende Wirkung angegorener Früchte diente Naturvölkern womöglich als Inspiration für die Herstellung alkoholischer Getränke auf Basis von Fruchtsäften oder Getreidebreien. Etwas später – um die neolithische Revolution (Sesshaftwerden und Ackerbau) – war es, der Überlieferung nach, ein vergessener Getreide, der das erste Sauerteigbrot hervorbrachte. Eine Mischkultur aus Hefen und Bakterien sorgte dafür, dass der Brei, welcher aus Nahrungsmittelknappheit trotzdem gebacken wurde, beim Backen sein Volumen ausdehnte und damit lang anhaltende Begeisterung auslöste.

Die Vergärung von Zucker durch Hefen ist aus unserem Alltag nicht mehr wegzudenken. Die Hefe Saccharomyces cerevisiae, wichtig für die Herstellung alkoholischer Getränke sowie Backwaren, wurde 1996 als erster Organismus weltweit vollständig genetisch entschlüsselt. Bis zu 1000 Stämme wurden bisher aus der Natur separiert und finden als Kultur- oder Reinzuchthefen Verwendung. Allein zur Weinherstellung gibt es mittlerweile mehr als 100 Reinzuchthefen. Die Anzahl natürlich vorkommender Hefen liegt aber noch weit darüber im Ungewissen. Über die berauschende Wirkung der alkoholischen Gärung hinaus sind Hefen für viele Aromastoffe verantwortlich.

Das Prinzip Hefe und Alkohol

Besonders süße Früchte oder Gemüse weisen eine große Menge an Zuckern auf, die sich ideal von Hefen zu Alkohol vergären lassen.

Die Ausgangsprodukte

Bei der Herstellung von alkoholischen Getränken wie Bier oder Wein übernehmen Enzyme der Hefe wesentliche Aufgaben. Auch viele Backwaren sind auf die hefeeigenen Enzyme angewiesen. Damit die Hefen überleben und Enzyme produzieren können, benötigen sie Energie. Diese gewinnen sie hauptsächlich durch die Umwandlung von Zucker (Glucose) in zuckerhaltigen Lösungen. Diese zuckerhaltigen Substrate für Hefen können vielfältig sein: von Fruchtsäften über Honiglösungen bis hin zu manchen Pflanzen- und Gemüsesäften. Der zu Wein vergorene Traubensaft hat eine besondere Stellung, aber auch sortenreiner Apfelmost wird zu einer Vielfalt an Apfelweinen (Cider) fermentiert. Beim Bierbrauen werden die komplexen Kohlenhydrate in Getreide durch Mälzen in kleinere Bausteine zerlegt und können dann von Hefen endvergoren werden. Neben Biermaische vergärt Hefe auch Teig und sorgt damit für das »Aufgehen« von Brot oder Kuchen im Ofen.

Die Akteure und Bedingungen

Bei Hefen handelt es sich um einzellige Pilze, die sich durch Spaltung vermehren. Hefen kommen auf vielen Lebensmitteln natürlich vor, besonders konzentriert in der Nähe zuckerhaltiger Lösungen. Bei der weißlichen Schicht auf vielen Obstsorten handelt es sich um wilde Hefen. Hefen mögen es warm, sind jedoch gegenüber zu hohen Temperaturen sehr sensibel. Ideal ist eine Fermentationstemperatur von 22 bis 27 °C. Hefen verstoffwechseln Zucker sowohl in Abwesenheit (anaerob) als auch Anwesenheit (aerob) von Sauerstoff, je nach gewünschtem Resultat muss die Sauerstoffversorgung gefördert oder unterbunden werden. Die Kohlenhydrate in Frucht- und Gemüsesäften liegen bereits in Form von Einfach- und Mehrfachzuckern vor und sind so direkt für Hefen verdaulich. Zu komplexe Kohlenhydrate können Hefen nicht oder nur sehr langsam verdauen. Deshalb werden Lebensmittel aus hauptsächlich komplexen Kohlenhydraten (Getreide) zuvor gemälzt (auch: verzuckert). Beim Mälzen wandeln die korneigenen Enzyme (Amylasen) die Stärke in kleinere Zuckerpolymere um. Dafür wird entweder das ganze Korn zum Keimen gebracht (Alkoholherstellung) oder Mehl mit Wasser angereichert (Sauerteigherstellung). Wasser und Wärme aktivieren die Amylasen, welche die Stärke für die Hefe im weiteren Prozess vorverdauen.

Die weiße Schicht auf vielen Obststücken sind natürliche Hefen, die nur auf den Austritt des Safts warten.

Wein wurde bis in die 70er-Jahre des 19. Jahrhunderts ausschließlich durch natürliche Hefen fermentiert. Die von geografischen und klimatischen Faktoren beeinflussten wilden Hefen sorgen für ein besonders charakteristisches Endprodukt; sie ermöglichen, die Sorten- und Bodenvielfalt differenziert wiederzugeben. Die Vielfalt der natürlich vorkommenden Hefestämme unterscheidet sich bei der sogenannten Spontanvergärung elementar zu dem Einsatz von Reinzuchthefen. In der industriellen Herstellung alkoholischer Getränke werden heute selektierte Reinzuchthefen eingesetzt. Die Rohsäfte können so sicher endvergoren und standardisierte Endprodukte hergestellt werden. Ernteverlust und das Risiko von Fehlgärung wurden auf diesem Weg stark minimiert. Dem Risiko steht aber die Chance gegenüber, dass wilde Hefestämme aromatisch einzigartige Nebenprodukte bilden. Dadurch erfährt die Spontanvergärung vor allem im exquisiten Weinbau eine Art Renaissance. Im Bierbrauwesen ist die Spontanvergärung sehr selten, vermehrt aber noch in Belgien zu finden.

Auch in der Fermentation von Teigen wird zwischen Reinzuchthefen und natürlichen Hefen unterschieden. Klassische Hefegebäcke werden fast ausschließlich mit der industriellen Hefe Saccharomyces cerevisiae, ursprünglich aus Bierhefe extrahiert, fermentiert. Mit der langfristigen, traditionellen Teigführung von Sauerteigen können Bäcker – ähnlich wie bei den hochwertigen Weinen – ein Alleinstellungsmerkmal und eigene Charakteristik ihrer Brote herausarbeiten. Die auf den Händen des Bäckers, in der Backstube sowie in den eingesetzten Mehltypen vorkommenden Hefen entscheiden über die Charakteristik des Brotes. Bei einem derart hergestellten Sauerteig spielen allerdings neben Hefen auch die für die Säuerung des Teiges verantwortlichen Milchsäurebakterien eine wichtige Rolle. Aufgrund der Präsenz von Hefen und Milchsäurebakterien und der daraus resultierenden Säuerung des Teiges kommen Sauerteige meist für herzhafte Backerzeugnisse zum Einsatz. Das Arbeiten mit natürlichen Mikroorganismen stellt sowohl im Weinbau als auch im Backwesen ein gewisses Risiko dar, welches aber mit Erfahrung und der richtigen Anwendung zu einzigartigen Ergebnissen führt.

ZUCKERGEHALT IN FRUCHTSÄFTEN

°Oe	°KMW	°BRIX	potenzieller Alkoholgehalt bei vollständiger Vergärung in Vol. %
60	12	14,7	8,1
65	13	15,9	8,8
70	14	17,1	9,4
75	15	18,2	10,1
80	16	19,2	10,7
85	17	20,3	11,3
90	18	21,4	11,9
95	19	22,4	12,5
100	20	23,6	13,1
105	21	24,1	13,7
110	22	25,7	14,3
115	23	26,8	14,9
120	24	27,8	15,5
125	25	28,9	16,9

Mit Methoden wie Oechsle (in °Oe), Klosterneuburger Mostwaage (in °KMW) oder Brix (in °Brix) kann der Zuckergehalt in Fruchtsäften gemessen werden, um daraus den späteren Alkoholgehalt des Endprodukts zu prognostizieren.

Die Prozesse und Reaktionen

Bei der Herstellung alkoholischer Getränke gewinnt Hefe unter Sauerstoffausschluss ihre Energie über die alkoholische Gärung. Dabei wird Glucose zu Ethanol und Kohlendioxid umgewandelt. Durch das Verschließen der Gefäße mit Gärverschlüssen dominiert das entstehende Kohlendioxid schnell den Luftraum im Gefäß und verdrängt übrigen Sauerstoff. Dieser kann wie das in der weiteren Fermentation entstehende Kohlendioxid über den Gärspund entweichen. Der Druck, der ohne ein solches Ventil entsteht, birgt große Gefahren – daher Gärgefäße nie ganz verschließen! Sauerstoff, der dazu führen würde, dass die Hefe von der alkoholischen Gärung zur weitaus effizienteren Zellatmung wechselt, kann von außen nicht über das Ventil eindringen. Bei der Teigherstellung hingegen steht Sauerstoff zur Verfügung und die Hefe gewinnt ihre Energie über die Zellatmung. Glucose wird zu Wasser und Kohlendioxid umgewandelt. Ist der gesamte Sauerstoff umgewandelt, kommt es aber auch in Teigen aufgrund der Sauerstoffknappheit zur alkoholischen Gärung. Die entstehende Ethanol-Menge ist jedoch weitaus geringer, hat aber erheblichen Einfluss auf die Aromenentwicklung. Dehnen des Teigs sorgt für die regelmäßige Sauerstoffversorgung.

Das Ergebnis

Aus der geschmacklich relativ neutralen Stärke produziert die Hefe Ester, Aldehyde, Phenole und Glycerin, um nur einige der aromatischen, zum Teil flüchtigen Verbindungen zu nennen, die über das Aromaprofil ihrer Endprodukte entscheiden. Bananenaroma in manchen Weißbiersorten, Himbeer-, Johannisbeer- oder Kirscharomen in Weinen sind meist das Produkt von Hefen. Und auch das süßlich-karamellige Röstaroma in Sojasauce resultiert aus der beteiligten Hefe.

Neben den Aromen sorgt aber auch die berauschende Wirkung des Ethanols für die Beliebtheit der Hefeprodukte. Ethanol ist ein idealer Trägerstoff für Aromen, daher ist die Symbiose der Hefestoffwechselprodukte einmalig: Der Alkohol transportiert in einem Weinglas das Bouquet zur Nase. Auch für die Textur spielt Hefe eine wichtige Rolle, vor allem, wenn das gebildete Kohlendioxid aus einem fest verschlossenen Gefäß ohne Gärspund nicht entweichen kann – bei der Flaschengärung, etwa beim Champagner, sorgt es für die spezielle, feine »Champagnerperlung«, das »Mousseux«.

Das von der Hefe produzierte, im Gerüst eines Brotteigs eingeschlossene Kohlendioxid verdampft mit dem Wasser im Backvorgang und sorgt dafür, dass sich bei einem stabilen Eiweißgerüst das Brot ausdehnt. Sobald die Temperatur hoch genug ist, denaturiert das Eiweißgerüst und verfestigt sich zur fluffigen Krume. Neben der texturgebenden Aufgabe der Hefe erzeugen die komplexen, ineinandergreifenden Stoffwechsel von Hefe und Milchsäurebakterien in Sauerteigbroten ein süß(Hefeenzymprodukt: Zucker)-säuerliches(Bakterienerzeugnis: Milch- und Essigsäure) und luftiges (Hefenerzeugnis: CO_2) Brot. Die charakteristischen Hauptaromen von Brot entstehen während der Fermentation und umfassen Ethanol, Aldehyde und Ester. Durch das Backen reagieren die Nebenprodukte weiter und die typischen Brotaromen entstehen.

Beim Brauen produziert Hefe aromatische, flüchtige Verbindungen, die den Geschmack eines Biers wesentlich bestimmen.

Verdampft während des Backens das von der Hefe produzierte Kohlendioxid mit dem Wasser, dehnt sich der Teig aus und eine lockere Brotkurme entsteht.

Fermentation 6: Essig

Essig ist eine hochverdünnte Essigsäurelösung. In Speiseessig darf der Essigsäureanteil nur zwischen 5 und 15,5 Prozent liegen. Essenzen sind mit maximal 25 Prozent Essigsäure pur ungenießbar. Der Ursprung von Essig geht einher mit den Anfängen der Weinherstellung, Essig weist mit etwa 8000 Jahren eine ähnlich lange Historie wie Wein auf. Essigbakterien sind dort, wo Alkohol und Sauerstoff vorkommen. Für den Weinbauern sind sie damit ein großer Feind. Die Gefahr, dass Essigbakterien den Wein zu Essig synthetisieren, kann vor allem durch die Kontrolle des Sauerstoffs gebannt werden.

Der berauschenden Wirkung des Weins steht die heilende Wirkung des Essigs gegenüber. Pestessig – ein Kräuterauszug auf Essigbasis – wurde in vielen Teilen Europas als Antiseptikum gegen die Pestverbreitung eingenommen und zur Desinfizierung auf der Haut angewendet. Diese konservierende Besonderheit von Essig wurde schon früh zur Haltbarmachung von Wildfleisch genutzt. Auch die heute übliche Verwendung von Essig als Würzmittel weist eine lange Historie auf. 1864 erst entdeckte Louis Pasteur als erster Wissenschaftler, dass Bakterien für die Herstellung von Essig verantwortlich sind. Die Klassifizierung der Acetobacter-Spezies unterliegt noch immer regelmäßigen Änderungen und Anpassungen. Die Herstellung von Essig im glasierten Tontopf stellt noch bis ins letzte Jahrhundert eine gängige häusliche Praxis dar.

Das Prinzip der Essigfermentation

Alkoholische Getränke mit bis zu 12 Vol.-% lassen sich ideal zu Essig fermentieren. Ob durch die Zugabe einer Essigmutter oder durch Spontanvergärung, vor allem die Sauerstoffzufuhr ist essenziell.

Die Ausgangsprodukte

Die Essigsäuregärung ist im Prinzip eine Zweitgärung, welche ohne die vorangegangene Fermentation, bei der Alkohol entsteht, nicht ablaufen kann. Die Herstellung von Produkten wie Apfelessig, Weißweinessig oder Malzessig basiert letztlich auf dem Enzym Alkoholdehydrogenase (ADH), welches in Essigbakterien enthalten ist. Die relevante Bakteriengattung zur Essigherstellung heißt Acetobacter. Ethanol, der durch die Fermentation des in Säften enthaltenen Fruchtzuckers entstanden ist, gehört mit Sauerstoff zu den überlebensnotwendigen Substanzen der Bakterien. Im Vergleich zur alkoholischen Gärung, in der Sauerstoff schädlich ist, können diese Bakterien nur beim Vorhandensein von Sauerstoff den Alkohol abbauen. Ausgangsprodukte zur Essigherstellung sind divers: von Bier, über verschiedene Weine und Fruchtweine bis hin zu Kartoffelbrand lassen sich viele alkoholische Grundstoffe essigsauer vergären. ADH-Enzyme, welche über die Essigsäurebakterien in die alkoholhaltige Lösung gelangen, wandeln den im Ausgangsprodukt enthaltenen Ethanol zu Essigsäure und Wasser um. Dies ist der gleiche Prozess, wie der Abbau von Alkohol im menschlichen Körper. Durch diese Umwandlung gewinnen die Bakterien Energie, die sie zur Vermehrung nutzen. Die entstandene Essigsäure wird nur in Verdünnung mit Wasser als »Essig« bezeichnet und ist im puren Zustand ungenießbar.

Die Akteure und Bedingungen

Acetobacteraceae ist eine Bakterienfamilie, welche aerob ist, d. h., sie braucht Sauerstoff zum Überleben. Acetobacter bildet im Fermentationsprozess eine gallertartige Cellulose an der Grenzfläche zwischen Sauerstoff und Alkohol – die Essigmutter. Vertreter der Acetobacter-Gattung sind überall in der Luft vorhanden. Aufgrund der symbiotischen Eigenschaften sind sie häufig in Gemeinschaft mit Hefen zu finden. Zuckerhaltige, alkoholische und saure Umgebungen sind ideal für das Überleben der Bakterien. Dort, wo genügend Ethanol durch Hefen entstanden ist, können die Bakterien größere Mengen an Essigsäure bilden. Demnach stellen sie in der Herstellung von Wein eine große Gefahr dar.

Die Einhaltung einer Temperatur von 25 bis 30 °C, ein Medium im sauren Bereich (pH-Wert 5,3 bis 6,3) und die Anwesenheit von Sauerstoff fördern das Wachstum der Essigbakterien bzw. die Bildung der Essigmutter. Unter 18 °C kommt die Bildung von Essigsäure zum Erliegen. Die Ethanolmenge hat ebenfalls einen wesentlichen Einfluss auf die Aktivität. Bei einem Alkoholgehalt über 12 Vol.-% können Essigsäurebakterien nicht mehr wachsen. Aber auch ein Mangel an Ethanol ist für die Herstellung von Essig problematisch. Daher ist es wichtig bei der Essigsäuregärung den Abschluss zu finden! Verbleiben die Essigsäurebakterien in dem Medium, in dem der gesamte Ethanol zu Essigsäure fermentiert wurde, fangen diese an, die produzierte Essigsäure zu Kohlendioxid und Wasser zu zersetzen. Dabei entstehen auch aromatische Verbindungen, welche dem Essig schaden können. Bei einem Restalkoholgehalt von 0,3 bis 3 Vol.-% sollte daher die Fermentation beendet werden. Die Beendigung des Fermentationsprozesses kann durch Abfüllung und luftdichtes Verschließen erfolgen, dabei bleiben die Bakterien am Leben. Wird der fertige Essig thermisch behandelt, werden die Bakterien abgetötet und das Produkt ist stabil. Allerdings werden auf diesem Weg auch wertvolle Aromen zerstört.

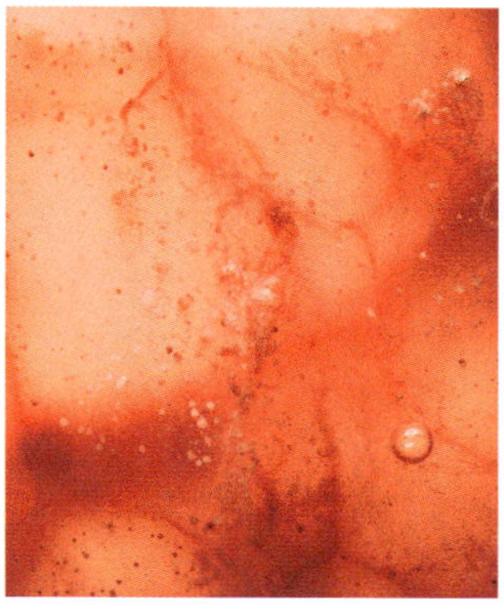

Die Essigmutter ist eine Symbiose verschiedenster Acetobacter-Stämme.

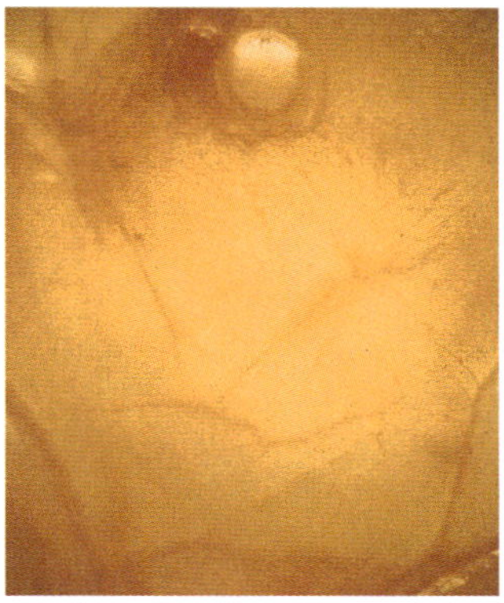

Einer der Acetobacter-Stämme, Gluconacetobacter, produziert Cellulose und sorgt damit für das Erscheinungsbild der Essigmutter.

Die Prozesse und Reaktionen

Bei der Essigsäuregärung handelt es sich um eine Zellatmung (Oxidation) der Essigsäurebakterien. Das bedeutet, dass der in der Luft vorhandene (notwendige!) Sauerstoff mit dem Ethanol in dem alkoholischen Getränk reagiert. Diese Reaktion ermöglicht Alkoholoxydase: ALKOHOL und OXYgen = Sauerstoff werden durch das Enzym (die Endung -ASE zeigt an, dass es sich um ein Enzym handelt) reduziert. Durch diese Reaktion wird Energie frei, die das Bakterium zur Vermehrung nutzt. Die Endprodukte aus der Reaktion sind Essigsäure (CH_3COOH) und Wasser (H_2O).

Die Essigherstellung kann über verschiedene Verfahren ablaufen. Das Oberflächenverfahren, auch Orléans-Verfahren, ist das zeitaufwendigste traditionelle Verfahren, welches sich am einfachsten anwenden lässt. Das alkoholische Ausgangsprodukt wird durch die Maximierung der Oberfläche viel Sauerstoff ausgesetzt und offen fermentiert (das Gefäß sollte mit einem sauerstoffdurchlässigen Material wie Watte oder feinem Leinen verschlossen werden, welches das Fermentiergut vor Fliegen, Staub o. Ä. schützt). Je nachdem, ob eine Starterkultur zugegeben wird, dauert es einige Zeit, bis auf der Oberfläche eine Kahmhaut entsteht und damit langsam eine Essigmutter wächst.

Im Generatorverfahren – auch Fesselverfahren genannt – wird durch die Zugabe von Holzspänen die Oberfläche der alkoholischen Flüssigkeit enorm vergrößert. Auf dem schwimmenden Trägerstoff können sich die Essigbakterien perfekt ansiedeln, da sie gleichzeitig an den Sauerstoff aus der Umgebungsluft sowie an den Ethanol der alkoholischen Flüssigkeit kommen. Die Vermehrung wird damit stark angeregt und der Fermentationsprozess extrem verkürzt. Des Weiteren gibt es noch das Submersverfahren, welches die hochtechnologische standardisierte Essigherstellung in einem gut belüfteten Tank in 24 Stunden ermöglicht.

Bei Kahmhefe auf Essig, Kombucha oder Milchsaurem ist etwas schiefgelaufen.

Nach dem Fermentationsprozess kann zusätzlich noch eine Reifung der fertig fermentierten Essige in Eichenholzfässern erfolgen, wie bei der Herstellung von Sherry oder Brandy. Beim sogenannten Solera-System werden Essige mit länger gelagerten Essigen im Fass vermengt, um den Essig dort weiter zu veredeln. Essige, welche nicht aus Weinen hergestellt werden, können aus einer Vielzahl anderer alkoholischer Flüssigkeiten hergestellt werden. Dafür müssen lediglich die Anforderungen des Bakteriums erfüllt sein.

Der Ausbau von Essig im Holzfass kann wesentlichen Einfluss auf das Aroma des fertigen Essigs haben.

Das Ergebnis

Speiseessig bietet vielfältige Anwendungsmöglichkeiten. In der europäischen Küche hat er sich vor allem als Würzmittel etabliert, insbesondere als Zutat für Salatdressings aller Art. Hochqualitative Essige lagern bis zu 20 Jahre im Eichenholzfass. Dadurch kann das im Herstellungsprozess entstandene Wasser nach und nach verdunsten und sich im Essig ein feines Gleichgewicht zwischen Säure und Aroma entwickeln. Die Holzart hat einen prägenden Einfluss auf das Aromaprofil des fertigen Essigs, so bringt z. B. Wacholderholz ein kräftiges Aroma hervor, Kirschholz hingegen sorgt eher für süßliche Aromen.

Durch die Wasserverdunstung im Holzfass wird aus einem Essig eine intensive Würzsauce, ein dickflüssiger Balsamessig.

Für Balsamessig, welcher zu den teuersten Essigsorten zählt, wird der Traubensaft noch vor Prozessbeginn bis zu einem Drittel eingedickt. Nun durchläuft dieser konzentrierte Traubensaft im Eichenfass die alkoholische und anschließend die essigsaure Gärung. Die verlängerte Fasslagerung verstärkt die Konzentration des Essigs noch weiter und führt am Ende zu der klassischen dickflüssigen Konsistenz von Balsamessig.

Sowohl die eingesetzten Rohstoffe als auch das Herstellungsverfahren haben einen entscheidenden Einfluss auf das Aroma des fertigen Essigs. Bei dem beschriebenen Orléans-Verfahren haben die Aromen viel Zeit für den Ausbau.

Fermentation 7: Edelschimmel und Koji

Schimmelpilzen haftet oft ein negatives Image an, doch gibt es Edelschimmelpilze, die in der Herstellung und Veredelung von Lebensmitteln herausragende Veränderungen bewirken. Bereits vor 10 000 Jahren wurde die Fermentation von Getreide durch Schimmelpilze im asiatisch-pazifischen Kulturraum beobachtet. Die klimatischen Bedingungen bieten dort aufgrund der hohen Luftfeuchtigkeit und warmen Temperaturen einen idealen Lebensraum für Pilzkulturen. Die Vielfalt an Lebensmitteln, welche durch den Einsatz von Edelschimmelkulturen hergestellt werden, ist entsprechend groß. Besondere Bedeutung kommt der Spezies Aspergillus oryzae zu. Getreide, die von dieser Pilzkultur bewachsen sind, werden mit dem japanischen Wort Koji bezeichnet. Koji findet Verwendung bei der Herstellung von kulturell bedeutsamen Lebensmitteln wie Sojasauce, Misopasten oder Sake.

Im europäischen Kulturraum sind es die Fermentationsprodukte Käse, Salami, Schinken und Wein, die mithilfe spezieller Schimmelpilze weiter veredelt werden. Die Herstellung von Schimmelkäse ist seit mehr als 1000 Jahren bekannt und wurde vor allem in Klöstern praktiziert und dokumentiert. Die Vielfalt an Enzymen, die Pilze synthetisieren, sorgt für eine große Bandbreite herausragender Aromen. Lebensmittel, welche mit Schimmelpilzkulturen veredelt sind, stechen häufig aufgrund ihrer enormen Aromenkomplexität heraus.

Das Prinzip Edelschimmel und Koji

Beim Weißschimmelkäse wächst die Pilzkultur von außen nach innen.

Die zu Fermentationsbeginn losen Getreidekörner wachsen zu einem Kojistück zusammen.

Die Ausgangsprodukte

Schimmelpilze fallen in die Gruppe der Pilze, neben den Pflanzen und Tieren das dritte Reich der eukaryontischen Lebewesen. Genetisch sind sie den Menschen ähnlicher als den Pflanzen. Pilze nehmen wie Menschen organisches Material aus ihrem Umfeld auf. Sie leben parasitär oder saprophytisch – ihre Nahrungsquelle besteht aus lebendem oder abgestorbenem organischen Material. Bei der Veredelung von Lebensmitteln stellen organische Moleküle wie Kohlenhydrate, Fette und Proteine geeignete Nahrung für Schimmelpilze dar.

Die Ausgangsprodukte zur Kultivierung von Edelschimmelpilzen sind sehr divers. Da es keine systematische Gruppe für die in der Lebensmittelveredelung eingesetzten Pilzkulturen gibt, ist es fast unmöglich, eine allgemeine Beschreibung ihres Lebensraums vorzunehmen. Schimmelpilze sind sehr komplexe Organismen mit unterschiedlichsten Ansprüchen. Bekannte Vertreter der Edelschimmelpilze sind Penicillium roqueforti (Roquefortkäse), Penicillium camemberti (Camembert, Brie), Penicillium nalgiovense (Salami), Penicillium chrysogenum (Salami), Aspergillus oryzae (Sojasauce, Misopasten, Amazake), Ustilago maydis (Cuitlacoche Mais) oder die Gattung Rhizopus (Tempeh). In der Namensgebung der Pilzkulturen wird deutlich, dass sie sehr lebensmittelspezifisch sind. In Milch bzw.

Rohmilchkäse produziert Penicillium roqueforti Methylketone, die für die besonderen Blauschimmelkäsearomen verantwortlich sind. Auf Brotlaiben ist Penicillium roqueforti auch häufig zu finden. Dort wird er teilweise noch für die Käseherstellung gezüchtet. Vermutlich war es auch ein auf Brotlaib vergessener Käse, welcher für den ersten Roquefort sorgte. Allerdings bildet Penicillium roqueforti auf Brotlaiben gesundheitsschädliche Toxine, welche im Käse durch die Reaktion mit Aminosäuren unschädlich gemacht werden. Dieses Beispiel zeigt, dass sich die Ausgangsbedingungen bei Schimmelpilzen nicht allgemein beschreiben lassen. Das Arbeiten mit Schimmelpilzkulturen bedarf einer sehr spezifischen Auseinandersetzung mit der jeweiligen Kultur. Dennoch ist die Verwendung von mit Pilzkulturen fermentierten Produkten als Zutat sehr interessant und vielfältig.

Auf Brotlaiben gezüchteter Penicillium roqueforti dient als Starterkultur für Käse, ist auf Brot aber toxisch.

Die Akteure und Bedingungen

Schimmelpilze bestehen aus unverbundenen Zellfäden, den Hyphen (auch Myzel). Das Myzel, und damit der eigentliche Pilz, ist meist nicht sichtbar, stellt aber quasi den »Körper« des Organismus dar. Der sichtbare, oft staubige Teil von Schimmelpilzen ist vergleichbar mit der Blüte einer Pflanze. Dies sind die Sporen, die zur Vermehrung dienen. Bei guten Bedingungen können Sporen mehrere hunderte Kilometer in der Luft zurücklegen. Damit erklärt sich auch die Ubiquität von Schimmelpilzen.

Aufgrund der vorherrschenden Temperatur und der Bodenbeschaffenheit aus organischem und anorganischem Material stellen Wald- und Erdböden den größten natürlichen Lebensraum für Schimmelpilze dar. Ihr Vorkommen ist divers bis unvorhersehbar. In der Lebensmittelherstellung bergen Schimmelpilze zwar häufig eher die Gefahr des Verderbs, können aber in der richtigen Kombination herausragende Aromen und Texturen hervorbringen, wie z. B. die zahlreichen Schimmelkäsesorten zeigen. Temperaturen zwischen 20 und 30 °C und eine hohe Luftfeuchtigkeit (idealerweise 90 Prozent) fördern die Vermehrung von Schimmelpilzen. Unter 0 und über 60 °C können Pilze nicht mehr wachsen, ihre Sporen sind allerdings weitaus resistenter und können auch bei schlechten Bedingungen Jahre überleben. Wie bei den meisten anderen Organismen stellt auch der pH-Wert ein Überlebenskriterium für Schimmelpilze dar, zwischen 4,5 und 6,5 sind sie aber sehr genügsam. Im Vergleich zu den meisten anderen Fermentierprodukten ist bei der Züchtung von Schimmelpilzen Sauerstoff notwendig, wenn auch nur in geringen Mengen. Zur Wachstumsförderung werden Blauschimmelkäselaibe z. B. mit Nadeln eingestochen, damit Sauerstoff ins Innere gelangen kann.

Bisher wurden etwa 100 000 von den vermuteten 250 000 Schimmelpilzarten identifiziert. Aufgrund ihrer Omnipräsenz und Anspruchslosigkeit wird bei der Veredelung von Lebensmitteln immer mit Starterkulturen gearbeitet. Rohmilchkäse wird zu Beginn mit Starterkulturen beimpft, damit sich die gewünschte Pilzkultur schnell verbreitet und unerwünschten Organismen den Lebensraum nimmt. Salamis werden in Starterkulturen getaucht, wodurch sich bald die typische weiße Pilzschicht auf der Haut bildet.

Die Prozesse und Reaktionen

Die Komplexität von Schimmelpilzen gegenüber anderen Hauptakteuren in Fermentationsprozessen bringt eine weitaus komplexere Substratumwandlung über diverse Reaktionen und Prozesse mit sich. Zudem leben Schimmelpilze fast nur in Symbiose mit anderen Kulturen, wodurch eine Verwebung der Fermentationsprodukte hinzukommt.

Bei der Schimmelpilzveredelung von Käse beeinflussen die jeweiligen pilzkulturspezifischen Enzyme alle Hauptbestandteile (Kohlenhydrate, Fette und Eiweiße) des Rohproduktes. Amylasen des Schimmelpilzes wandeln die Zucker in kleinere Moleküle um, welche damit das Endprodukt süßer machen. Fettspaltende Lipasen produzieren kürzere freie Fettsäuren und sorgen damit vor allem für die aromatischen Besonderheiten des Käses. Die im Rohmilchkäse enthaltenen Proteine werden durch Proteasen in Aminosäuren zerteilt, dies beeinflusst wesentlich die Käsekonsistenz. Diese drei Prozesse finden jedoch nicht gänzlich getrennt voneinander statt. Die Stoffwechselendprodukte der Schimmelpilze reagieren zudem auch miteinander zu neuen Molekülen, die ebenfalls das Aroma bestimmen.

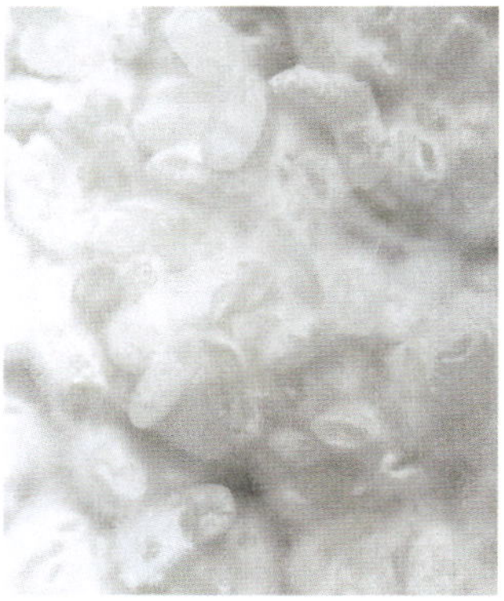

In der Fermentation von Getreiden zu Koji entsteht eine Vielzahl an Enzymen.

Die Fermentation von Getreide oder Hülsenfrüchten mit Edelschimmelpilzen ist ein komplexes Konstrukt diverser, parallel laufender Reaktionen. Auch hier werden alle Bestandteile der Getreide, je nach Fermentationsdauer, weitestgehend in ihre Einzelbestandteile zerlegt und reagieren sowohl untereinander als auch mit Stoffwechselprodukten der Pilzgattung. Getreide, etwa Weizen, bestehen großteils aus komplexen Kohlenhydraten wie Stärke. Der Stärkeabbau dauert aber im Vergleich zum Abbau der in Milch vorhandenen Zucker länger. Deshalb fermentiert Miso bis zu mehrere Jahre, um besonders komplexe Aromen zu erhalten.

Die Enzymvielfalt von Koji ist ausschlaggebend für die komplexen Fermentationsaromen von Sojasauce.

Die beiden Beispiele zeigen, dass die Nährstoffumwandlung von Pilzen enorm umgreifend ist. Bei

Schimmelpilzen findet quasi eine komplexe Vorverdauung der Lebensmittel statt. Koji-Fermente mit der Edelschimmelkultur Aspergillus oryzae weisen bis zu 50 Enzyme auf, die das Substrat umwandeln.

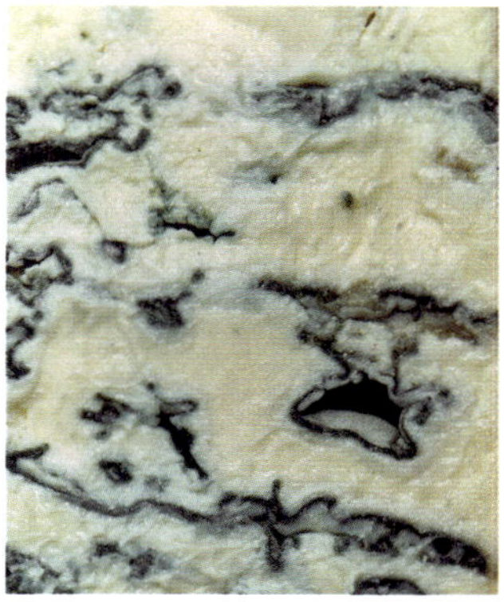

Im Käseinneren wachsende Blauschimmelkulturen sorgen für die intensiven Ammoniakaromen von Roquefort.

Das Ergebnis

Die bei der Fermentation mit Edelschimmelpilzen frei werdenden Aminosäuren, Fettsäuren und Zucker sorgen für einzigartige Aromen und Texturen. Fermentierte proteinreiche pflanzliche Lebensmittel werden sogar häufig mit fleischartigen Aromen assoziiert. Diese Verbindung kommt durch die freien Aminosäuren, welche den Geschmackseindruck »Umami« auslösen. Umami (japanisch: gut schmeckend) entsteht, wenn im Mund die Aminosäure Glutaminsäure auf die passenden Geschmacksrezeptoren trifft. In Fleisch kommt Glutaminsäure in vergleichbar hoher Konzentration vor. Auch in der nahrhaften Muttermilch kommt sie in besonders hoher Konzentration vor. Deshalb springt der Körper stark auf diesen Geschmack an, denn er vermittelt ähnlich wie Süße eine schnelle Energieversorgung. Die beiden Hauptrohstoffe für Sojasauce sind Weizen und Soja. Die aus der Weizenstärke zersetzten Zucker und aus dem Sojaprotein synthetisierten Aminosäuren vereinen die beiden positiv assoziierten Geschmacksempfindungen ideal.

Die von außen nach innen wachsenden Weißschimmelkulturen verflüssigen den Käse vom Rand zur Mitte.

Die beiden wesentlichen Pilzkulturen in der Käseherstellung unterscheiden sich schon in ihrem Erscheinungsbild. Blauschimmel bildet seine blaugrünen Sporen im gesamten Käse verteilt, während das weiße Camembert-Myzel nur auf der Oberfläche wächst. Auch aromatisch unterscheiden sich die Endprodukte: scharfe, salzig und würzige bis säuerliche Blauschimmelkäse versus weiche, fettig-cremige Brietypen. Aus den Proteinen synthetisiertes Ammoniak und Amine sorgen mit den Methylketonen der Fettsynthese für typische, zum Teil strenge Aromen. Camembert kann durch die zersetzten Proteinbestandteile im Inneren fast flüssig sein, Blauschimmelkäse sind eher krümelig.

Praxis

Einführung in die Fermentationspraxis

Die Beobachtungen von Naturprozessen sorgten dafür, dass sich Fermentieren als älteste Zubereitungsart zu einer gängigen kulturellen Praxis etablierte. Mit der Globalisierung geraten traditionell gewachsene Techniken in neue Hände und sorgen auf diesem Weg für eine große Bandbreite an Innovationen. Wissenschaftliche Erkenntnisse helfen uns, die beteiligten Organismen zu verstehen, gänzlich erklären können wir die Prozesse aber nicht. Vor allem die Wertschätzung für lokale und regionale Produkte bringt das Fermentieren wieder als interessante Methode zurück in die Küchen.

Die zuvor beschriebenen Fermentationsprozesse kommen so systematisch nicht in der Realität vor. Kein Rohstoff wird von nur einem Organismus von A nach B fermentiert. Es gibt diverse beteiligte Organismen, Zwischenprodukte und ineinander verwobene Prozesse, die aufgrund ihrer Komplexität nicht beschrieben werden konnten. Wichtig für das Arbeiten mit fermentierenden Lebensmitteln sind Zeit, Geduld und Erfahrung. Vor allem wenn man sich an komplexere Fermentierprodukte wagen möchte, sollte man sich vorher an »sichereren« Varianten ausprobieren. Lebensmittel, die fermentiert werden, sind ein bisschen wie Haustiere: Sie benötigen – je nach Rasse bzw. Art – mehr oder weniger Futter und Streicheleinheiten. Wer einem Kind ein erstes Haustier schenkt, startet meist auch nicht mit einem hochsensiblen Rennpferd. Mit einem aktiven Sauerteig und einem Kombucha ist man z. B. schon gut beschäftigt, um beide gesund zu halten. Sobald man aber einmal in den Genuss der besonderen Aromen gekommen ist und den vielfältigen Einsatz von Fermentationstechniken zu schätzen begonnen hat, wird man die fabelhafte Welt der Mikroorganismen nur ungern wieder verlassen. Gefahren gehen von Fermentierprodukten nicht aus. Die häufige Angst vor Botulismus z. B. ist bei allen beschriebenen Produkten hinfällig. Die Bekanntheit des Giftstoffes von Chlostridium-Botulinum-Bakterien kommt von Konservenprodukten oder Eingemachtem, nicht von fermentierten Lebensmitteln. Die Hitzebehandlung zur Haltbarmachung dient dem Abtöten sämtlicher Bakterien. Nur extrem resistente Sporen, welche nach der Konservierung trotz Vakuum überleben, können in seltenen Fällen diesen Temperatur- und Druckbehandlungen standhalten. In dem pasteurisierten Medium haben sie dann keine Wettbewerber. Dies ist bei fermentierten Produkten genau nicht der Fall. Die Vielfalt der Mikroorganismen sorgt für ein gesundes Gleichgewicht und gibt Fremdorganismen keinen Lebensraum. Demnach sollte ein erhitztes Fermentationsgut unmittelbar verzehrt werden. Durch Erhitzung verlieren Fermentationsprodukte aber auch viele der aromatischen und ernährungsphysiologischen Vorteile.

Unsere Stars: die Rohwaren

Im Laufe des Jahres bringen die Wunder der Natur uns immer wieder neue reizvolle Produkte in die Gärten und somit auch auf die Märkte und die Küchentische. Um diese mittels Fermentation zu veredeln und zu konservieren, braucht es, neben den in den Kapiteln zuvor erläuterten Grundlagen, einen neugierigen und sorgfältigen Blick auf das Produkt, ein gewisses Maß an Kreativität und ein wenig Geduld. Wie immer steht bei der

Nur das Beste ist gut genug: Das Fermentationsergebnis hängt stark von der Qualität der Rohwaren ab.

Verarbeitung das Produkt im Mittelpunkt – »das Produkt ist der Star«. Es sollte genau betrachtet und verkostet werden, um dann zu entscheiden, mit welcher Fermentationsmethode es am besten zur Geltung kommt. Die generelle Eignung verschiedener Warengruppen für die unterschiedlichen Fermentationsmethoden werden in den folgenden Kapiteln erläutert. Dabei fokussieren wir uns auf die Gruppen Obst, Gemüse, Hülsenfrüchte, Getreide, Wildpflanzen und -früchte, Pilze und Milchprodukte. Weitere tierische Produkte wurden bewusst ausgeklammert, da ihre Verarbeitung höchste Anforderungen an die Herkunft und Hygiene stellt und die Fermentation gesundheitliche Risiken mit sich bringen kann, wenn sie nicht korrekt durchgeführt wird.

Jede der folgenden Warengruppen wird bezüglich ihrer spezifischen Zusammensetzung und dementsprechend ihrer passenden Fermentationsorganismen charakterisiert. Am Beispiel einzelner ausgewählter Lebensmittel werden darauffolgend beispielhaft Fermentationsabläufe Schritt für Schritt erklärt und die Besonderheiten der Zutaten und Prozesse erläutert. Im Anschluss folgt ein Vorschlag, wie das fertig fermentierte Lebensmittel als Zutat in einem Rezept eingesetzt werden kann und für die besondere Note sorgt.

Früchte

Fermentiermethoden für Früchte

Der Obstkorb der Natur ist bunt, süß und voller Aromen – eine große Spielwiese für die Fermentation.

Dank der Sommersonne bekommen wir schöne, reife Früchte. In dieser Reife entwickeln sie ihre Süße und eine Fülle an Farben und Aromen. Die entstehende Süße ist ein Ergebnis der Sonnenenergiespeicherung, häufig in Form des Fruchtzuckers Fructose. Diese energiereichen Speichermoleküle in Früchten ermöglichen viele Arten einer Haltbarmachung oder Veredelung. Neben dem einfachen Trocknen und Einmachen lassen sich Früchte mittels vielerlei Fermentationstechniken zu überraschenden aromatischen Ergebnissen konservieren.

Enzymatische Bräunung

Eine Veredelungstechnik ist die enzymatische Bräunung. Da an diesem Prozess keine Mikroorganismen beteiligt sind, handelt es sich nicht um eine Fermentation im klassischen Sinne. Dennoch wird die enzymatische Bräunung aufgrund der Veränderungen im Lebensmittel weitläufig zur Fermentation gezählt (s. S. 26 ff.). Sie eignet sich für Früchte mit hohem Phenolgehalt, etwa Äpfel, Quitten, Aprikosen oder Pflaumen. Die Reaktionen, die die pflanzeneigenen Enzyme und der in der Umgebungsluft enthaltene Sauerstoff auslösen, führen zu einer farblichen Veränderung der Früchte hin zu dunklen Brauntönen. Zudem verdichten die Prozesse im Inneren der Frucht die Aromen und entwickeln oft neue, ungeahnte Aromen mit hoher Komplexität und karamellartigen Noten.

Milchsaure Vergärung

Kohlenhydrate wie die Fructose werden als Substrat für die milchsaure Vergärung (Lacto-Fermentation) benötigt und liegen in verschiedenen Verbindungen in allen Früchten vor. Durch die Umwandlung der Zucker in Milchsäure (s. S. 34) verändert sich die Aromatik süßer Früchte in reizvolle, erfrischend saure Würzkomponenten. Der Wassergehalt von Früchten, der meist in Form der unterschiedlichen Konsistenzen ersichtlich ist, stellt für die milchsaure Vergärung ein relevantes Kriterium dar. So verwandeln sich etwa empfindliche Beeren schnell zu einem weichen, aber nicht weniger interessanten Püree, wohingegen beispielsweise die dicke, feste Schale von Wassermelonen einen knackigen Biss behalten kann.

Alkoholische Gärung

Der hohe Zuckergehalt von Früchten ist nicht nur für Milchsäurebakterien attraktiv, sondern besonders auch für Hefen. Wer schon einmal leicht angegorenes Fallobst probiert hat, weiß, wie schnell sich Hefen über Zucker hermachen und ihn zu Alkohol umwandeln. Um die Prozesse der alkoholischen Gärung kontrolliert zu lenken, bedarf es einiger Kenntnisse und Hilfsmittel. Sind die Hintergründe jedoch einmal verinnerlicht, lassen sich mit Kreativität und Geduld immer wieder neue Aromenüberraschungen produzieren. Viele Früchte können die Basis sein und die Zuckerzugabe kann einen zu geringen Zuckergehalt kompensieren. Neben den Klassikern wie Trauben, Äpfeln und Birnen lassen sich auch die feinen Aromen von Beeren oder anderen charakterstarken Früchte wie Quitten, Pflaumen oder Sanddorn in fein-herbe Weine verwandeln. Unter Zugabe von Zucker wird auch der sauer-würzige Rhabarber, der botanisch eigentlich zu den Gemüsen zählt, zu einem fruchtigen Wein verfeinert. In einer zweiten Fermentation können diese Weine auch zu Essig vergoren werden. So lassen sich aufregende süßsaure Würzmittel erzeugen.

1

Obst lässt sich ideal mit Wasserkefirkristallen fermentieren, wichtig ist ein Ansäuern.

2

Durch die Fermentationsgase schwimmen die Früchte im fertigen Kefir oben.

Kombucha und Kefir

Mit fruchteigener Süße und starken Aromen stellen Säfte, gewonnen aus biologisch angebauten Früchten, auch die perfekte Basis für Kombuchas und Wasserkefir dar. Früchte mit hohem Zuckergehalt, zu denen etwa Äpfel, Birnen oder Trauben zählen, lassen sich hier direkt nutzen. Bei manchen, weniger süßen Früchten, wie etwa Kirschen, Johannisbeeren, Sanddorn oder Hagebutten, liefert zugesetzter Zucker der Kefirkultur hinreichend Substrat. Neben Haushaltszucker eignen sich dafür auch andere Süßungsmittel, z. B. Honig, Agavendicksaft oder Birkensaft, oder andere Zuckersorten, etwa Demerara- oder Muscovadozucker.

Enzymatisch gebräunte Quitten

Für die enzymatisch gebräunten Quitten ist das benötigte Equipment überschaubar, lediglich die konstante Wärme stellt eine Herausforderung dar.

Quitten sind reich an phenolischen Verbindungen und erfüllen damit ein wesentliches Kriterium für die enzymatische Bräunung. Mit ihren fein-herben, floralen Noten eignen sie sich optimal, um durch diesen Prozess veredelt zu werden. Für ein einheitliches Ergebnis sollten die Früchte gleichmäßig reif sein. Hierzu den Duft und die Festigkeit der Quitten überprüfen und im Zweifel ein Eckchen probieren: nur beste Ausgangsprodukte für einen derart zeitintensiven Prozess verwenden.

Die Quittensaison ist kurz und die Verarbeitungsdauer relativ lang, daher empfehlen wir eine Menge von mindestens 2,5 Kilogramm Quitten. Um über einen langen Zeitraum bei 60 °C zu fermentieren, eignet sich im kleinen Stil ein Dörrautomat. Mit diesem lassen sich auch die fertig gebräunten Quitten haltbar machen. Als Alternative bietet sich ein Reiskocher mit Warmhaltefunktion an – Quitten direkt in den Kocher füllen und die Temperatur (60 °C) in der Warmhaltestufe regelmäßig kontrollieren.

ZUTATEN

mind. 2,5 kg reife Quitten

BESONDERES EQUIPMENT

Dörrautomat (oder Wärmeschrank, s. S. 25, Wärme)
Gärgefäß (pro 1 kg Quitten ca. 1 l Inhalt; temperatur- und säureunempfindlich)
sauberes Tuch (z. B. Musselintuch, Etamine)

DIE ENZYMATISCHE BRÄUNUNG

1. Zunächst faulige Früchte aussortieren, die Quitten säubern und anschließend schälen (Bild 1).

2. Die Quitten achteln und jeweils das Kerngehäuse herausschneiden. Die Quittenspalten in dem Gefäß eng packen (Bild 2). Das Gefäß mit einem Tuch luftdurchlässig abgedeckt in den Dörrautomaten stellen und die Quitten 6 bis 10 Wochen bei 60 °C fermentieren. Es findet nun allmählich der Bräunungsprozess statt, der Saft der Quitten tritt aus.

3. Während des Prozesses regelmäßig mit sauberem Arbeitswerkzeug rühren, damit der benötigte Sauerstoff gleichmäßig an die Quitten kommt. Achtung: Sollten sich ungewöhnliche Gasmengen oder Schäume bilden, deutet dies auf eine Beeinträchtigung durch eingebrachte Mikroorganismen hin – in diesem Fall die Quitten entsorgen.

4. Wenn die Quitten nach 6 bis 10 Wochen dunkelbraun und weich sind, die Quitten herausnehmen und so den Bräunungsprozess beenden (Bild 3). Zur weiteren Verarbeitung die Quitten direkt verwenden (Rezept s. S. 78). In einem verschlossenen Gefäß im Kühlschrank aufbewahrt sind die Quitten bis zu 1 Woche haltbar.

VERWENDUNG Bei der Verwendung der Quitten sind der Kreativität keine Grenzen gesetzt. Sie passen z. B. auch als geschmacksgebende Komponente in Limonaden oder können in Kombucha weiter fermentiert werden. Alternativ lassen sich die Quitten konservieren. Zum Trocknen die Temperatur des Dörrgeräts auf etwa 40 °C einstellen, die Quittenspalten vorsichtig auf ein mit Backpapier ausgelegtes Gitter geben und 24 bis 48 Stunden trocknen. Die Früchte sollten zwar noch weich, aber von außen trocken sein – so sind sie bis zu 1 Jahr haltbar. Auch Püree lässt sich aus den enzymatisch gebräunten Quitten herstellen. Auf eine Backmatte ausgestrichen kann dieses zu einem »Quittenleder« getrocknet werden.

Bei einem derart langen Prozess ist sorgfältiges Aussortieren und Schälen wichtig.

Die dicht gepackten Früchte beginnen sich schon bei der Verarbeitung zu verfärben.

Das Volumen der fertigen Früchte hat sich stark reduziert und die Farbe verdunkelt.

Lamm tataki mit enzymatisch gebräunter Quitte und Petersilienwurzeln

Für 4 Portionen
Zubereitung: 20 Min.

LAMM TATAKI

400 g Lammfilet
1 TL Haselnussöl
Meersalz
frisch gestoßener schwarzer Pfeffer

PETERSILIE UND QUITTE

2 Petersilienwurzeln mit Grün
1 Schalotte
120 g enzymatisch gebräunte Quitte (s. S. 76)
1 Bio-Zitrone
100 g Mandelstifte
30 g Butter
Meersalz
frisch gestoßener schwarzer Pfeffer

AUSSERDEM

evtl. Küchenbrenner

LAMM TATAKI

Das Lammfilet von Sehnen und Häutchen befreien und mit dem Öl, 1 kräftigen Prise Salz und 1 Prise Pfeffer einreiben. Das Lammfilet mit einem Küchenbrenner oder in einer sehr heißen Pfanne ohne Öl sehr schnell von allen Seiten kräftig bräunen. Das Lammfilet beiseitestellen.

PETERSILIE UND QUITTE

Von den Petersilienwurzeln das Grün abschneiden und waschen. Die feinen Blätter abzupfen, größere Blätter grob hacken. Die Petersilienwurzeln waschen, eventuell schälen und mit einer Mandoline oder einem Trüffelhobel dünn hobeln. Die Schalotte schälen und in feine Würfel schneiden. Die Quittenspalten in jeweils vier Stücke schneiden. Die Zitrone waschen und trocken reiben. Die Mandelstifte in einer kleinen Pfanne goldbraun rösten, dann aus der Pfanne nehmen. Die Butter in der Pfanne zerlassen, die Schalottenwürfel hineingeben und kurz anschwitzen. Dann die gehobelten Petersilienwurzeln hinzufügen. Alles leicht mit Salz und Pfeffer würzen und kurz durchschwenken. Die Pfanne vom Herd nehmen, die Quittenstücke hinzufügen. Ein wenig Zitronenschale darüberreiben und den Saft der Zitrone in die Pfanne pressen. Nochmals mit Salz und Pfeffer abschmecken und die gehackten Petersilienblätter hinzufügen.

FINISH

Das Lammfilet in dünne Scheiben schneiden und diese auf vier Teller verteilen. Die Mischung aus der Pfanne mit dem Sud darübergeben, die Mandeln darüberstreuen und alles mit den feinen Petersilienblättern garnieren.

Milchsauer vergorene Zwetschgen

Mit einem geeigneten Gefäß, etwas Salz und reifen Zwetschgen kann direkt losgelegt werden.

Hängt der Baum einmal voll mit Zwetschgen, weiß jeder Zwetschgenbaumbesitzer, dass eine schnelle Verarbeitung der Ernte ratsam ist, um den Mengen an den nur bedingt lagerfähigen frischen Zwetschgen gerecht zu werden. Umeboschi ist eine traditionelle Verarbeitung von Pflaumen im japanischen Kulturraum, dabei werden die Früchte milchsauer vergoren. Das folgende Rezept unterscheidet sich zwar von der traditionellen japanischen Herstellung, für das Ergebnis lohnt es sich aber, in der Saison schöne, reife Zwetschgen auf dem Markt zu besorgen. Die weiße Schicht auf Zwetschgen ist eines der Qualitätszeichen, wichtig ist auch, dass die Früchte unbehandelt sind – frisch vom Baum sind sie natürlich am besten. Für das Rezept ist es wichtig, dass die Zwetschgen noch nicht überreif und matschig sind. Sie sollten jedoch schon reif genug sein, um eine vielfältige Aromatik mitzubringen.

ZUTATEN FÜR CA. 500 G

500 g Zwetschgen
10 g unjodiertes Meersalz
evtl. 2%ige Salzlake (20 g unjodiertes Meersalz auf 1 l Wasser)

BESONDERES EQUIPMENT

luftdicht verschließbares Gärgefäß (ca. 1 l Inhalt; säureunempfindlich, z. B. Glas mit Gummidichtung)
kleiner Teller (oder Einmachglasdeckel)
Gewichte

DIE LACTO-FERMENTATION

1. Die Hände sollten sauber sein. Handschuhe sind nicht notwendig, sondern sogar eher hinderlich. Die Milchsäurebakterien an den Händen sorgen dafür, dass das Ferment schneller startet.

2. Zwetschgen kurz waschen, von Verunreinigungen befreien. Früchte mit einem Messer halbieren, Steine entfernen. Zwetschgen abwiegen, dann 2 % des Gewichts an Salz abwiegen (8 g auf 400 g Zwetschgen). Salz gleichmäßig unter den Zwetschgen verteilen, 1 Stunde Wasser ziehen lassen.

3. Die Zwetschgen eng in das Gärgefäß packen – je enger, umso besser (Bild 1). Einen kleinen Teller (oder Einmachglasdeckel) auf die Zwetschgen geben und beschweren (Gewichte allein tun es auch).

4. Ausgetretene Flüssigkeit einfüllen, der Saft verdrängt den Sauerstoff zwischen den Zwetschgen. Ist nicht genügend Flüssigkeit ausgetreten, mit einer 2%igen Lake auffüllen, bis mindestens 2 cm hoch Flüssigkeit über den Zwetschgen steht. Dabei Luftraum lassen und nicht bis zum Rand auffüllen. Das Gefäß luftdicht verschließen.

5. Zwetschgen zunächst 2 bis 3 Tage bei warmer Raumtemperatur (ca. 25 °C) fermentieren. Dann Druck ablassen, etwa durch vorsichtiges Ziehen an der Gummilasche. Sofort wieder verschließen und 11 bis 12 Tage weiterfermentieren. Die Zwetschgen schmecken dann süßsäuerlich, die Lake ist trüb (Bild 2). Hat sich Schimmel gebildet, die Zwetschgen entsorgen! Zwetschgen von der Lake abziehen, diese nicht entsorgen! Luftdicht verpackt halten sie sich im Kühlschrank 1 bis 2 Wochen.

TIPP Die Lake ist vielfältig verwendbar, z. B. dient sie als Basis für Dressings oder ergibt leicht gesüßt und mit Wasser aufgegossen einen Sommerdrink. Auch für die Lagerung der Zwetschgen ist sie nützlich: Im Dörrautomaten getrocknete Zwetschgen in der Lake im Kühlschrank lagern.

Die Zwetschgen sollten eng gepackt und mit genügend Lake bedeckt sein.

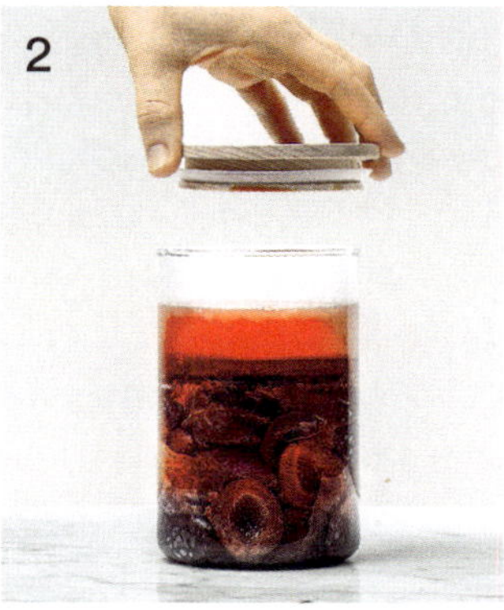

Die trübe Lake weist auf eine erfolgreiche Fermentation hin. Nach ein paar Tagen Gärzeit etwas Druck ablassen, ohne dass Sauerstoff in das Gefäß kommt. Bei Verwendung eines Steingutgärtopfs ist das nicht nötig – daraus entweicht Druck über die Wasserrinne.

Perlhuhnbrüste mit milchsauren Zwetschgen und Buchweizen-Risotto

Für 4 Portionen
Zubereitung: 50 Min.
Einweichen: 8 Std.

BUCHWEIZEN-RISOTTO

- 320 g Buchweizen
- 200 g Butter
- 400 ml Gemüsebrühe
- 2 Schalotten
- 2 EL Pflanzenöl (z. B. mildes Olivenöl)
- 100 ml Weißwein (z. B. feiner Weißburgunder)
- Meersalz
- frisch gestoßener grüner Pfeffer

PERLHUHNBRÜSTE

- 300 g Pastinaken
- 4 Perlhuhnbrüste (à ca. 140 g)
- Meersalz
- frisch gestoßener grüner Pfeffer
- 1 zerstoßene Wacholderbeere
- 1 EL Pflanzenöl (z. B. mildes Olivenöl)
- 200 g milchsauer vergorene Zwetschgen (s. S. 80)
- 200 g Sud von den milchsauer vergorenen Zwetschgen (s. S. 80)

FINISH

- 1 kleines Bund Kerbel

BUCHWEIZEN-RISOTTO

Buchweizen mit 1 l Wasser in einer Schüssel abgedeckt 8 Stunden einweichen. Butter in einem kleinen Topf langsam nussbraun werden lassen. Kurz abkühlen lassen, in einem Gefäß kalt stellen. Brühe in einem Topf zum Simmern bringen. Schalotten schälen und fein würfeln, mögliche Abschnitte in die Brühe geben. Buchweizen abspülen und gut abtropfen lassen. Einen Topf auf mittlerer bis hoher Stufe erhitzen. Pflanzenöl und Schalottenwürfel kurz darin anschwitzen. Buchweizen kurz mit anschwitzen. Mit Wein ablöschen. Zwei Kellen Brühe durch ein Sieb dazugeben, kurz einrühren. Buchweizen bei mittlerer Hitze offen in etwa 15 Minuten gar, aber noch bissfest köcheln, dabei nach und nach unter Rühren die Brühe durch das Sieb hinzufügen. Kurz vor Ende der Risotto-Garzeit 100 g Nussbutter einrühren (Rest wieder kalt stellen).

PERLHUHNBRÜSTE

Pastinaken putzen, schälen und längs in 6 bis 8 Spalten schneiden. Perlhuhnbrüste von möglichen Sehnen und Häutchen befreien. Mit 1 kräftigen Prise Salz, Pfeffer und Wacholder würzen. Backofen auf 140 °C Ober- und Unterhitze vorheizen. Eine ofenfeste Pfanne auf mittlerer Stufe erhitzen, Öl hineingeben. Brüste mit der Haut nach unten und Pastinaken hinzufügen und rundum anbraten. Pfanne vom Herd nehmen, Zwetschgen und Sud hineingeben. Etwa 5 Minuten in den Ofen (Mitte) stellen (Kerntemperatur der Brüste 62 °C).

FINISH

Kerbel waschen. Blätter abzupfen, Stängel hacken. Pfanne aus dem Ofen nehmen. Sud durch ein Sieb in einen sehr kleinen Topf gießen (Fleisch in der Pfanne warm halten) und erhitzen. Restliche Butter zügig einmontieren. Mit Salz abschmecken. Kerbelstängel in den Risotto geben. Risotto mit Pastinaken, Zwetschgen, Brüsten und Sauce auf Tellern anrichten. Mit Kerbelblättern toppen.

Wer mag, bereitet zunächst die Pastinaken und die Perlhuhnbrüste vor. Die dabei anfallenden Abschnitte können dann direkt mit in die Brühe für den Risotto gegeben werden – sie intensivieren so zusätzlich den Geschmack des Risottos.

Hefefermentierter Rhabarberwein

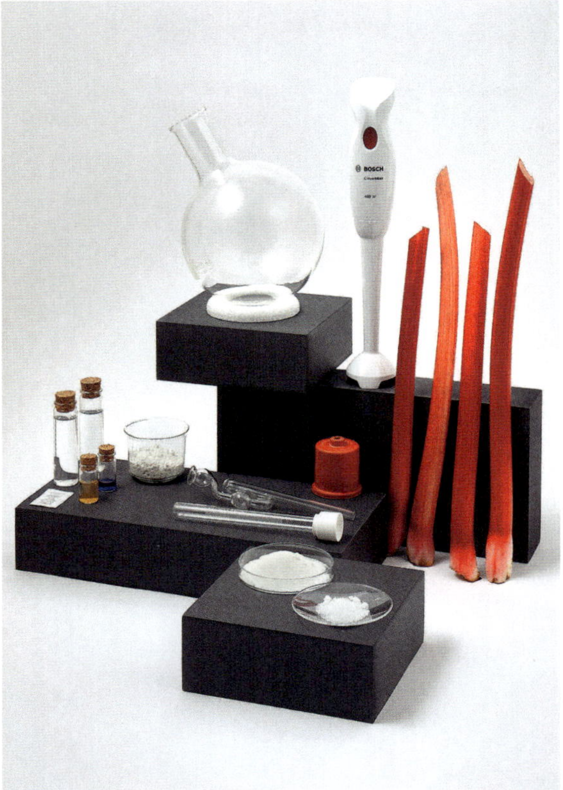

Die Herstellung von Wein erfordert etwas Erfahrung und eine Menge an Equipment.

Der süßsäuerliche Rhabarber ist ein schöner Frühlingsbote. Obwohl er häufig für Obst gehalten wird – botanisch zählt er zum Gemüse – und meist in Desserts kommt, ist es umso interessanter, dass sich daraus ein frisch-säuerlicher Wein herstellen lässt. Lediglich die hohe Konzentration an Oxalsäure, die dem ein oder anderen empfindlichen Gemüt den Genuss erschwert, stellt eine Herausforderung bei der Fermentation dar. Rhabarber sollte deshalb eher früh in der Saison geerntet und vor allem nur dann fermentiert werden. Durch das Ausfällen und Entsorgen der Oxalsäure eignet sich der Wein gut als Basis für eine Sommerweinschorle. Auch als Cocktailzutat ist er spannend und sorgt für Frische.

ZUTATEN FÜR 5 L

250 ml Apfelsaft
Portwein- oder Sherryhefe für 50 l
2 g Hefenährsalz | 3,5 kg Rhabarberstangen
2,5–3 kg Zucker | 10 ml Antigel | 15 g kohlensaurer Kalk
20 ml Milchsäure | 20 g Zitronensäure
0,5 g Kaliumdisulfit | evtl. Schönungsmittel

BESONDERES EQUIPEMENT

Flasche mit Gärspund (mind. 1 l Inhalt) | Pürierstab
sauberes, feines Tuch (z. B. Musselintuch) | Filter
Gärgefäß mit Spund (mind. 6 l Inhalt; säureunempfindlich)
Blaulauge (zur Bestimmung des Säuregehalts)
Vinometer (s. S. 25, Messgeräte) | Flaschen (Abfüllen)

DIE ALKOHOLISCHE FERMENTATION

1. Für den Gäransatz Apfelsaft, Hefe und Nährsalz in die Flasche mit Gärspund (mit Wasser gefüllt!) geben und 3 bis 4 Tage bei etwa 22 °C Raumtemperatur stehen lassen. Am selben Tag die gesäuberten Rhabarberstangen in kleine Stücke schneiden. Mit 2 kg Zucker und 1 l Wasser in einem Topf 5 Minuten sieden lassen, dann 1 Tag kalt stellen. Antigel zum Rhabarber geben (Bild 1), alles mit dem Pürierstab fein pürieren. Püree 1 Tag kalt stellen.

2. Püree über einer Schüssel durch ein feines Tuch filtern, Saft auspressen und mit Wasser auf 4,7 l auffüllen. Kalk mit dem Pürierstab einarbeiten, 1 Tag kalt stellen. Vorsichtig durch einen Filter laufen lassen, sodass so wenig wie möglich ausgefällte Säure in den Filter gelangt (Bild 2). Saft, aktiven Gäransatz, Milch- und Zitronensäure in das Gärgefäß mit ausreichend Luftraum (ca. ein Drittel) geben, mit dem gefüllten Gärspund verschließen.

3. Kommt die Gärung nach 4 Tagen nicht in Gang, mit 250 g nachzuckern. Blubbert der Gärspund nach 1 Woche nicht, von vorn beginnen. Ab Gärstart zwei- bis dreimal nachzuckern, um die Gärung aktiv zu halten. Nimmt die Gärung nach 6 bis 8 Wochen ab und ist ein Alkoholgehalt von etwa 11 Vol-% erreicht, Wein von der Hefe abziehen. Durch weitere Zuckerzugaben lässt sich die Fermentation verlängern und der Alkoholgehalt erhöhen. Zum Gärabschluss Wein umfüllen, dabei darauf achten, dass die Bodenstoffe zurückbleiben. Kaliumdisulfit zugeben, mit Zucker die gewünschte Restsüße einstellen. Säuregehalt mit Blaulauge nach Packungsanleitung messen – er sollte zwischen 6 und 7 % liegen, eventuell mit Zitronensäure nachjustieren.

4. Zur Selbstklärung den Wein mit wenig Luftraum bei etwa 15 °C mindestens 4 Monate lagern, alternativ nach Packungsanleitung mit Schönungsmittel arbeiten (Bild 3). Der Wein ist etwa 6 Monate haltbar. Die Zugabe von je 1 g Vitamin C und Sulfit stabilisiert und ermöglicht 1 bis 3 Jahre Lagerung.

Die Enzyme des Antigels sorgen für eine größere Saftausbeute der Rhabarberstücke.

Die am Boden befindliche Oxalsäure sollte möglichst nicht in den Filter gelangen.

Der Wein ist trüb, kann aber durch Lagerung oder Schönungsmittel geklärt werden.

Rhabarberwein-Sabayon mit Erdbeeren und Baiser

Für 4 Portionen
Zubereitung: 40 Min.
Trocknen: 8 Std.

GRÜNER ZUCKER

1 kleines Bund Zitronenverbene
240 g Zucker

BAISER

1 kleines Bund Estragon
4 Eiweiß (M)
Meersalz

ERDBEEREN

500 g Erdbeeren

SABAYON

4 Eigelb (M)
50 g Zucker
250 ml Rhabarberwein (s. S. 84)

AUSSERDEM

1 Dörrautomat
2 Backmatten (oder 2 Bögen Backpapier)

GRÜNER ZUCKER

Den Dörrautomaten auf 60 °C einstellen. Die Zitronenverbene waschen und trocken schütteln, die Blätter abzupfen. Ein paar Blätter luftdicht verpackt im Kühlschrank beiseitestellen. Restliche Blätter mit dem Zucker in einer Küchenmaschine mit Messereinsatz zerkleinern, bis grüner Zucker entsteht.

BAISER

Den Estragon waschen und trocken schütteln, die Blätter abzupfen. Ein paar feine Blätter kalt stellen, den Rest fein hacken. Eiweiße mit 1 Prise Salz in einer fettfreien Rührschüssel mit den Rührbesen des Handrührgeräts oder der Küchenmaschine zu lockerem Schnee schlagen. 200 g grünen Zucker einrieseln lassen und weiterschlagen, bis sich der Zucker aufgelöst hat und ein kompakter Schnee entstanden ist. Gehackten Estragon unterheben. Masse etwa 4 mm dünn auf den Backmatten oder dem Backpapier ausstreichen. Im Dörrautomaten in etwa 8 Stunden knusprig trocknen.

ERDBEEREN

Wenn das Baiser getrocknet ist, die Erdbeeren waschen, vom Grün befreien, in Spalten schneiden und mit dem restlichen grünen Zucker (40 g) vermengen.

SABAYON

Für das Sabayon die Eigelbe in einer Sauteuse oder im Wasserbad mit dem Zucker und Rhabarberwein verrühren. Auf kleiner Stufe auf dem Herd dickschaumig aufschlagen. Vom Herd nehmen.

FINISH

Die Erdbeeren auf vier Schalen verteilen und das Sabayon dazugeben. Das Baiser in große Stücke brechen und mit den beiseitegelegten Kräuterblättern in die Schalen geben.

Birnenessig

Fermentierte alkoholische Getränke wie der Birnenwein können in einer Zweitfermentation zu Essig weiterverarbeitet werden. Dazu gehört etwas Übung.

Ob Kracherbirne oder Clapps Liebling, die Birnenvielfalt zeigt sich von Sommer bis Herbst in ihrer ganzen Pracht. Vor allem alte Sorten laden zur Veredelung ein. Gegenüber gängigem Apfel- kann ein Birnenessig allemal mit tollen süßsäuerlichen Ergebnissen gegenhalten. Er eignet sich zum Ausbau im Eichenfass und kann in einer langen Lagerung eine feine Säure entwickeln. Wir stellen Birnenwein und dann daraus Essig her. So haben die Aromen Zeit, sich zu entwickeln.

ZUTATEN FÜR CA. 2 L

200 ml Apfelsaft
Steinbergerhefe für 50 l | 2 g Hefenährsalz
700 g frische, reife Quitten | 10 ml Antigel
3 kg frische, reife Birnen (Sorte nach Wahl, besonders süße Mostbirnen eignen sich ideal)
ca. 2 kg Zucker | 10 ml Apfelsäure | 15 g Zitronensäure
200 ml unerhitzter, naturbelassener Apfelessig

BESONDERES EQUIPMENT

Flasche mit Gäraufsatz (ca. 1 l Inhalt)
Pürierstab | Entsafter
Gärgefäß mit Gärspund (mind. 3 l Inhalt; säureunempfindlich)
Vinometer (s. S. 25, Messgeräte)
Essig-Gärgefäß mit weiter Öffnung (ca. 3 l Inhalt; säureunempfindlich)
sauberes Tuch | Gummiband
evtl. Aquariumpumpe mit Schläuchen und Dosierhahn
Luftstein/-holz | Holzfass oder Flaschen zum Abfüllen

DIE ESSIGSÄURE-FERMENTATION

1. Zunächst einen Gäransatz herstellen: Apfelsaft, Hefe und Nährsalz in eine Flasche mit Gäraufsatz (mit Wasser gefüllt!) geben und bei Raumtemperatur (ca. 22 °C) 3 bis 4 Tage stehen lassen.

2. Die Quitten gründlich waschen, vierteln und entkernen. Klein würfeln und in einem Topf mit 700 ml Wasser 10 Minuten köcheln. Abkühlen lassen. Antigel dazugeben und alles pürieren.

3. Birnen waschen, vierteln, entkernen und entsaften. Zucker, Apfel- und Zitronensäure im Saft auflösen. Saftmischung, Quittenpüree und aktiven Gäransatz in das Gärgefäß geben, mit dem befüllten Gärspund verschließen. Während der Gärung das Gefäß gelegentlich leicht schwenken. Bei abnehmender Hefeaktivität und spätestens nach 14 Tagen den Alkoholgehalt messen – gegebenenfalls nachzuckern (mit 300 g beginnen), um die Fermentation aktiv zu halten. Der Alkoholgehalt sollte 12 Vol-% nicht übersteigen, 10 Vol.-% sind ideal. Hat der Wein genug Alkohol, die Hefe abziehen: Wein vorsichtig in ein anderes Gefäß füllen und die am Boden befindlichen Trübstoffe zurückhalten.

4. Für die zweite Fermentation zum Essig Wein und Apfelessig in das Essig-Gärgefäß geben. Mit dem Tuch abdecken und dieses mit dem Gummiband fixieren. Für eine schnelle Aktivität der Essigsäurebakterien, aktiv Sauerstoff in den Wein einbringen, z. B. mit einer Aquariumpumpe.

5. Die Gärung ist durch die Sauerstoffzugabe nach etwa 2 Wochen beendet. Wächst eine weiße, pelzige Schicht auf dem Essig, ist er von Kahmhefe befallen und muss entsorgt werden. Gärung bei einem Alkoholgehalt von 0,3 bis 3 Vol.-% beenden (sonst besteht Gefahr, dass die Bakterien die Säure weiter abbauen). Essig optional zum weiteren Ausbau in ein Holzfass geben. Alternativ in Flaschen füllen, luftdicht verschließen und im Kühlschrank lagern. Dort ist der Essig theoretisch unbegrenzt haltbar.

1

Blubbert der Gäransatz, ist er aktiv. Sinkt die Hefe ab, vor Zugabe schwenken, damit sie in den Ansatz kommt.

2

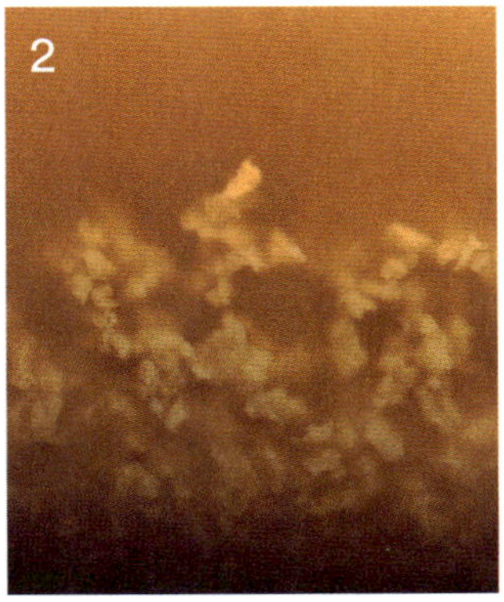

Viele Trübstoffe sorgen für eine bessere Fermentationsaktivität, die sich im Verlauf am Boden absetzen.

3

Die Sauerstoffversorgung mittels Pumpe fördert das Wachstum von Acetobacter.

Schwarzwurzelgemüse mit Birnenessig, Tête de Moine und Walnusskrokant

Für 4 Portionen
Zubereitung: 50 Min.

WALNUSSKROKANT
120 g Walnusskerne
60 g brauner Zucker
Meersalz
frisch gestoßener schwarzer Pfeffer
frisch geriebene Muskatnuss

SCHWARZWURZELGEMÜSE
300 g feiner Grünkohl
400 g Schwarzwurzeln
60 ml Birnenessig (s. S. 88)
1 Birne (gern etwas fester und mit leichter Säure)
2 EL Walnussöl
40 g Butter
Meersalz

BIRNENESSIGKAVIAR
100 ml Birnenessig
0,5 g Alginat (aus dem Internethandel)
2 g Calciumlactat (aus dem Internethandel)

FINISH
160 g Tête de Moine

AUSSERDEM
Einwegspritze (ohne Nadel, Öffnung ca. 3 mm Ø)

1. Für den Krokant die Walnusskerne grob hacken. Den Zucker in einer beschichteten Pfanne bei mittlerer bis hoher Hitze schmelzen, die Walnusskerne dazugeben und karamellisieren. Mit Meersalz, Pfeffer und etwas frisch geriebener Muskatnuss würzen. Die Nüsse auf das Backpapier geben und an einem trockenen Ort auskühlen lassen. Gegebenenfalls etwas zerbrechen oder grob hacken, falls die Stücke zu groß sind.

2. Für das Gemüse den Grünkohl waschen und den blättrigen Teil von den Strünken zupfen, dabei die feinen und die gröberen Blätter separieren. Die Strünke in Streifen schneiden. Die Schwarzwurzeln schälen, waschen und zügig diagonal in dünne Scheiben schneiden. Die Scheiben sofort mit 1 Spritzer Birnenessig vermengen, um die Oxidation zu hemmen. Die Birne waschen und vierteln, das Kerngehäuse herausschneiden. Die Viertel in Spalten schneiden und ebenfalls mit 1 Spritzer Birnenessig vermengen.

3. Für den Birnenessigkaviar den Essig mit dem Alginat zügig verrühren. Das Calciumlactat in 250 ml kaltem Wasser auflösen. Die Essigmischung mit einer Spritze in das Lactat-Wasser tropfen lassen. Nach 3 Minuten mit einem kleinen Schöpflöffel herausholen, vorsichtig abspülen und in einer kleinen Schale bereitstellen.

4. Zum Fertigstellen des Gemüses das Walnussöl in der Pfanne bei mittlerer Hitze erwärmen, die Schwarzwurzeln und die Grünkohlstrünke hineingeben und unter Rühren leicht anschwitzen. Die Butter, die Birnen und das gröbere Grünkohlgrün hinzufügen und kurz zusammenfallen lassen. Die Pfanne vom Herd nehmen, den restlichen Birnenessig hinzufügen, alles vermengen und mit Meersalz abschmecken. Das feine Grünkohlgrün untermengen.

5. Das Gemüse auf vier Teller verteilen, den Tête de Moine und den Walnusskrokant dazugeben. Mit den Essigperlen garnieren.

Milchsauer vergorene Melonenschale

Nicht nur das süße Fruchtfleisch einer Wassermelone schmeckt köstlich. Das Fermentieren der grünen Schale liefert ganz neue Aromen und ermöglicht eine fast gänzliche Verwertung der Frucht.

Durch Fermentation können so manche Dinge, die man im Alltag oft nur als Abfall wahrnimmt, toll aufgewertet und zu spannenden neuen Zutaten verarbeitet werden. Ein wunderbares Beispiel dafür sind die Schalen von Wassermelonen. Die Schale der Frucht enthält – wie bei vielem anderen Obst auch – besonders viele Vitamine (vor allem Vitamin C und Vitamin B_6) und weitere gesunde Inhaltsstoffe, etwa zellschützende Antioxidantien. Die milchsauer vergorene Wassermelonenschale ist also der perfekte Snack für den Winter, wenn die Vorräte herhalten müssen. Das Einzige, was an der Wassermelone nicht gegessen werden sollte, ist die ganz äußere dunkelgrüne Schale, da sie nicht besonders bekömmlich ist. Für die Fermentation kann man sie aber zunächst belassen und erst im Anschluss – direkt vor dem Verzehr – entfernen. Wem es aber lieber ist, der kann sie auch schon davor wegschneiden.

Die Wassermelonensaison sollte man ausführlich auskosten, vor allem auch, um die wertvollen Schalen der erfrischenden Früchte zu fermentieren und nicht wegzuwerfen. Wer das Ergebnis seiner ersten milchsauer vergorenen Wassermelonenschalen probiert hat, wird sich noch im Nachhinein ärgern, nicht mehr Melonenschalen angesetzt zu haben! Die Wassermelone für das Rezept sollte aus biologischem Anbau stammen, damit nur die besten Zutaten ins Glas kommen.

ZUTATEN FÜR CA. 500 G
500 g Bio-Wassermelonenschale
ca. 300 ml 2%ige Salzlake (6 g unjodiertes Meersalz auf 300 ml Wasser)

BESONDERES EQUIPMENT
luftdicht verschließbares Gärgefäß (ca. 1 l Inhalt; säureunempfindlich, z. B. Glas mit Gummidichtung)
Gewicht

DIE LACTO-FERMENTATION
1. Die Wassermelonenschalen entweder mit einem Sparschäler schälen, sodass die äußere dunkelgrüne Rinde entfernt wird, oder waschen und mitsamt der Schale fermentieren.

2. Die Schalenstücke in das Gärgefäß packen und mit dem Gewicht beschweren. Alles mit Salzlake reichlich auffüllen, sodass die Schalen mindestens 2 cm hoch bedeckt sind.

3. Das Gefäß luftdicht verschließen und die Melonenschalen je nach gewünschtem Ergebnis 3 bis 10 Tage bei Raumtemperatur fermentieren. Anschließend bis zur Verwendung im Kühlschrank oder einem entsprechend kalten Kellerraum aufbewahren. Dort sind die Melonenschalen mehrere Monate haltbar, können aber noch leicht nachsäuern und sollten daher nicht zu lange unbeaufsichtigt bleiben. Auf der Oberfläche gewachsene Schimmelpilze oder Kahmhefen weisen auf eine Verunreinigung des Fermentierguts hin, dieses dann unmittelbar entsorgen!

TIPP Wer von Wassermelonen die Schale fermentieren möchte, sollte die Melonen vor dem Aufschneiden immer gut waschen und trocken reiben, um anhaftende Schadstoffe zu entfernen. Die Schale ist pur eine perfekte Ergänzung zur Brotzeit, passt aber auch ideal in Salaten oder Currys. Durch die Zugabe von Gewürzen kann den fermentierten Wassermelonenschalen ein spannender Twist gegeben werden.

Die Lake sollte mindestens das Gewicht bedecken, um Sauerstoff auszuschließen.

Die getrübte Lake und Blasen zeigen einen guten Fermentationsverlauf an.

Gegrillte Melone mit Melonenschalen-Salat und Knoblauch-Mayo

Für 4 Portionen
Zubereitung: 1 Std.
Gefrieren: mind. 8 Std.

GEGRILLTE MELONE

1 kg Wassermelonenfleisch
100 g Erbsenmiso (s. S. 128)
50 ml Olivenöl (mit fein grasigen Noten, z. B. aus Umbrien)
8 dünne Scheiben Ciabatta

KNOBLAUCH-MAYO

20 g schwarzer Knoblauch (enzymatisch gebräunt)
1 kleine rote Chilischote
1 Bio-Limette
50 g Aquafaba (oder 1 Eigelb)
Meersalz
100 ml Pflanzenöl
50 ml Olivenöl (mit fein grasigen Noten, z. B. aus Umbrien)

MELONENSCHALEN-SALAT

50 g Sonnenblumenkerne
Meersalz
4 EL Sud milchsauer vergorener Melonenschale (s. S. 92)
50 ml Olivenöl (mit fein grasigen Noten, z. B. aus Umbrien)
1 kleine Salatgurke
200 g junge Erbsen (ausgelöst)
400 g milchsauer vergorene Melonenschale (s. S. 92)

FINISH

40 g Erbsenkresse (Affila)
1 kleines Bund Minze

AUSSERDEM

Vakuumierbeutel und -gerät
Holzkohlegrill

GEGRILLTE WASSERMELONE

Melone in etwa 8 cm dicke Scheiben schneiden, herausfallende und ein paar weitere aus dem Fruchtfleisch herausgelöste Kerne zum Trocknen auslegen. Melonenscheiben mit dem Miso und 50 ml Olivenöl bestreichen, vakuumieren und im Tiefkühlfach in mindestens 8 Stunden komplett gefrieren. Scheiben in den Kühlschrank zum Auftauen legen, dann aus den Beuteln nehmen und abtropfen lassen, dabei den Sud auffangen und kalt stellen. Den Grill einheizen. Melone und Ciabatta von beiden Seiten grillen.

KNOBLAUCH-MAYO

Knoblauch schälen, grob zerdrücken. Chili waschen, putzen, fein hacken. Limette waschen, Schale abreiben und Saft auspressen. Je die Hälfte des Limettensafts und der -schale sowie der Chili für den Salat beiseitestellen. Rest Schale, Saft und Chili mit Aquafaba oder Eigelb und 1 kräftigen Prise Meersalz in einem hohen Messbecher mit dem Pürierstab mixen. Bei laufendem Pürierstab das Pflanzen- und Olivenöl in dünnem Strahl einlaufen lassen, sodass eine Mayonnaise entsteht. Falls nötig, mit Salz abschmecken, zugedeckt kalt stellen.

MELONENSCHALEN-SALAT

Melonen- und Sonnenblumenkerne in einer Pfanne bei mittlerer Hitze rösten, mit Meersalz würzen. Aufgefangenen Melonensud mit Sud der fermentierten Melonenschale, Olivenöl, übrige Limettenschale und -saft sowie gehackte Chili zum Dressing verrühren, dieses abschmecken. Gurke waschen, in Halbmonde schneiden und mit Erbsen, Melonenschale und Dressing vermengen.

FINISH

Kresse abbrausen, abtropfen lassen. Minze waschen und trocken tupfen, Blätter abzupfen. Salat, gegrillte Melone, Kerne, Minze und Kresse auf Tellern anrichten. Mayo und Ciabatta dazu servieren.

Gemüse

Fermentiermethoden für Gemüse

Die Vielfalt an Gemüse ermöglicht die Synthese einer schier unbegrenzten Anzahl an Aromen durch die Fermentation.

Die oft schmalen Erntezeitfenster von Gemüsen in Kombination mit hohen Erträgen haben schon immer die Kreativität der Menschen weltweit gefordert, um Nährstoffe und Geschmack optimal zu konservieren. Fermentation potenziert die Aromenwelten von Gemüse ins Unendliche und beschert Genuss und Vitamine weit über die Saison hinaus.

Enzymatische Bräunung

Die enzymatische Bräunung verwandelt Gemüse mit hohem Phenolgehalt, etwa Auberginen, Artischocken und Kartoffeln, in dunkelbraune Aromabomben. Hierfür sind Geduld und Wärme gefragt. Wie bei allen Fermentationsprozessen gilt auch: Gemüse, die im rohen Zustand unbekömmliche Stoffe enthalten, wie Bohnen, Kartoffeln oder ursprüngliche Auberginen, sollten vor dem Verzehr gegart werden – nach oder vor der Fermentation.

Milchsaure Vergärung

Die milchsaure Vergärung hat weltweit sicher die bekanntesten Fermentierprodukte hervorgebracht und ist in nahezu jeder gemüseproduzierenden Kultur verankert – Beispiele dafür sind deutsches Sauerkraut und Salzgurke, koreanisches Kimchi oder Turşu, die bunten Gemüsemischungen der Türkei. Nahezu jedes Gemüse lässt sich milchsauer vergären, sollte dabei jedoch entsprechend seinen

Eigenschaften behandelt werden. Hierbei variiert beispielsweise die mechanische Vorbereitung von der behutsamen Positionierung vollreifer Tomaten im Einmachglas bis zum Kneten oder gar Stampfen von Kohl mit fester Blattstruktur. Das Gemüse selbst bedingt auch, ob es von einer Salzlake bedeckt oder im eigenen Zellsaft fermentieren kann. Auch die Fermentationsdauer hängt von Größe, Dichte und Zellstruktur des Gemüses ab und sollte regelmäßig beobachtet werden, sodass das fertige Gemüse am gewünschten Punkt genossen werden kann. Eine vergleichbare Art der Gemüsefermentation gibt es in der Türkei: Vornehmlich stärkehaltiges Gemüse wird durch Milchsäurebakterien in Kombination mit Hefen in Sauerteigen fermentiert. Ein ähnlicher Vorgang im japanischen Kulturraum ist die Fermentation von Gemüse in fermentierten Substraten, etwa dem Miso. So fermentiertes Gemüse, genannt Misosuke, birgt neben einer Haltbarkeitsverlängerung spannende Aromaquellen.

Alkoholische Vergärung

Vor allem stärkehaltige Gemüse eignen sich als Substrat für verschiedene Hefen. So werden beispielsweise Kartoffeln oder auch Topinambur von Hefen vergoren, um anschließend Alkohol und feine Brände aus ihnen zu gewinnen. Auch für die Herstellung von Weinen als Basis für Essig eignen sich manche Gemüse, wobei für das richtige Ergebnis teilweise Zucker zugesetzt werden muss.

Kombucha und Kefir

Kräftige Aromen gepaart mit einem hohen Zuckergehalt sind gute Voraussetzungen, um in dem frischen Saft von derartigem biologischen Gemüse Kombucha oder Wasserkefir anzusetzen. Durch die Kombination mit dem Saft süßer Früchte oder Zucker entsteht ein würziges und doch fruchtig-erfrischendes Getränk. Dennoch sollte bei den Ansätzen immer durch die Zugabe von einer Zuckerform Fermentationsstarthilfe geleistet werden.

Durch Kneten mit Salz tritt Zellsaft aus, in dem das Kraut idealerweise fermentiert wird.

2

Gesundes Kraut reift unter einer blubbernden, trüben Lake ohne Schimmelanzeichen.

SAUERKRAUT Für Sauerkraut braucht es neben Weißkohl nur Salz (2 % des Kohlgewichts), ein luftdicht schließendes Gärgefäß und Gewichte. Zerkleinerten Kohl mit den Händen oder dem Krautstampfer und dem Salz so lange kräftig kneten, bis der Zellsaft das Kraut bedeckt. Ganze Kohlköpfe kommen in eine 2%ige Salzlake. Fein zerkleinertes Kraut kann bereits nach 3 Wochen gegessen werden, ganze Köpfe brauchen bis zu 3 Monate. Bei Verwendung von Gläsern mit Gummidichtung nach 2 bis 3 Tagen durch vorsichtiges Ziehen an der Gummilasche Druck ablassen!

Milchsauer vergorener Palmkohl

Der Palmkohl in dem Rezept lässt sich beliebig durch eine andere Kohlsorte ersetzen. Die Fermentation sollte bei dickeren Blättern durch feines Schneiden unterstützt werden (s. S. 99).

In der Regel lassen sich dunklere Kohlsorten schlechter fermentieren als ihre helleren Vertreter, wie etwa der berühmte zu Sauerkraut fermentierte Weißkohl. Allerdings bringt der saisonale Palmkohl spannende Aromen mit sich, wenn er fermentiert wird. Im Herstellungsprozess kann der Geruch eventuell den ein oder anderen etwas abschrecken, aber hier unterscheidet der Palmkohl sich kaum von der Fermentation anderer Kohlsorten, welche im Verlauf der Fermentation nicht zufällig auch in den Keller wandern. Jedoch ist darauf zu achten, dass der Kohl noch immer nach Kohl riecht und keine Anzeichen von Fäulnisgeruch oder Schimmelwachstum auftreten, denn dann ist im Fermentationsprozess etwas schiefgelaufen und das Fermentierprodukt ist zu entsorgen. Gegebenenfalls ist es ratsam, den Palmkohl in einer Lake sicher zu fermentieren, wenn sich nicht genügend Saft herauskneten lässt. Nimmt man sich aber die Zeit, ist es aromatisch fast immer spannender, in dem Saft des jeweiligen Gemüses zu fermentieren.

ZUTATEN FÜR CA. 900 G

1 kg frischer Palmkohl
ca. 20 g unjodiertes Meersalz

BESONDERES EQUIPMENT

luftdicht verschließbares Gärgefäß (ca. 1 l Inhalt; säureunempfindlich, z. B. Gärtopf aus Steingut)
Gewichte

DIE LACTO-FERMENTATION

1. Den Kohl gut waschen, jeweils den harten Strunk aus den Blättern herausschneiden. Kohl abwiegen, dann 2 % des Gewichts an Salz abwiegen (18 g Salz auf 900 g Kohl). Blätter mit dem Salz in einer großen Schale so lang durchkneten, bis der grüne Saft austritt (Bild 1). Es wird so viel Zellsaft benötigt, dass die Blätter im Fermentationsgefäß gut von der Flüssigkeit bedeckt sein können. Wer nicht kneten und den Palmkohl weniger mechanisch bearbeiten möchte, kann ihn auch mit einer 2%igen Lake ansetzen (dazu 20 g unjodiertes Meersalz in 1 l Wasser auflösen).

2. Ist genügend Flüssigkeit aus dem Kohl herausgeknetet (das kann etwas länger dauern!), den Kohl eng in das Gärgefäß geben und mit dem Gewicht beschweren (Bild 2). Vorsichtig mit der Lake auffüllen, sodass der Kohl etwa 2 cm hoch von Flüssigkeit bedeckt und so vom Sauerstoff abgeschnitten ist. Anschließend das Gefäß luftdicht verschließen, bei Verwendung eines Steingutgärtopfs die Wasserrinne mit Wasser füllen. Wichtig ist, dass der entstehende Druck entweichen kann.

3. Den Kohl zunächst 3 bis 4 Tage bei Raumtemperatur fermentieren lassen, dann 1 bis 2 Wochen bei einer kühleren Temperatur (ca. 15 °C, z. B. im Keller) weiterfermentieren. Blubbert die Lake und ist die Oberfläche frei von Schimmel, ist das Fermentiergut gesund (Achtung: Öffnen und erneutes Verschließen von Fermentationsansätzen stellt ein Risiko dar, da so Sauerstoff an den Ansatz gerät, der den weiteren Verlauf gefährden könnte!).

4. Zum Fermentationsabschluss den Kohl von der Lake abziehen und luftdicht verpackt im Kühlschrank aufbewahren. Dort ist er 2 bis 3 Wochen haltbar und gibt vielen Gerichten Würze (Bild 3).

TIPP Dunkelgrüne Kohlsorten entwickeln während der Fermentation sehr intensive Aromen. Wer das nicht mag, bleibt besser bei hellen Sorten.

Wird der Kohl im eigenen Zellsaft fermentiert, muss lange geknetet werden.

Ist der Kohl nicht ausreichend mit Zellsaft bedeckt, sollte mit Lake aufgefüllt werden.

Der fertige Kohl kann kräftigen Eintöpfen die gewisse Würze verleihen.

Spaghetti Carbonara mit milchsauer vergorenem Palmkohl

Für 4 Portionen
Zubereitung: 30 Min.

600 g Spaghetti (hier passt auch eine kräftige Sorte aus Dinkel oder Emmer)
Meersalz
200 g Speck (z. B. Guanciale oder Pancetta)
320 g milchsauer vergorener Palmkohl (s. S. 100)
1 Bio-Zitrone
120 g Pecorino romano
frisch gestoßener schwarzer Pfeffer
6 sehr frische Eigelb (M)

1. In einem großen Topf reichlich Wasser zum Kochen bringen. 1 kräftige Prise Meersalz und die Spaghetti in das kochende Wasser geben. Die Spaghetti unter gelegentlichem Rühren nach Packungsangabe sehr bissfest garen.

2. Inzwischen den Speck in feine Streifen schneiden. Den Palmkohl ein wenig zerzupfen. Die Zitrone waschen und trocken reiben, die Schale abreiben und den Saft auspressen. Den Pecorino reiben. Den Speck in einer großen Pfanne bei mittlerer Hitze auslassen.

3. Die fertig gegarten Spaghetti abgießen, dabei ein wenig Kochwasser auffangen. Die Spaghetti mit dem Kochwasser zum Speck in die Pfanne geben. Den Palmkohl, den Zitronensaft und -abrieb, etwas Pfeffer, die Eigelbe und den Käse dazugeben und alles zügig vermengen. Die Pasta auf vier Teller verteilen.

VARIANTE Für ein crunchiges Mundgefühl kann auch zusätzlicher fermentierter Palmkohl auf Matten ausgebreitet im Dörrautomaten bei 60 °C in etwa 10 Stunden knusprig getrocknet werden. Für eine vegetarische Variante den Speck durch enzymatisch gebräunte Lebensmittel wie Zwiebeln, Knoblauch oder Pilze ersetzen. Auch 2 EL Miso können als Umamibombe den Speck vertreten.

Milchsauer vergorener Kartoffelteig

Durch den Einsatz eines Vakuumiergeräts in diesem Rezept vermeidet man das Wachstum unerwünschter, in der Umgebungsluft befindlicher Hefen.

Das milchsaure Fermentieren von Kartoffeln ist nicht ganz einfach. In der Regel wird die komplexe Stärke von Kartoffeln vornehmlich durch Hefen mittels alkoholischer Gärung abgebaut und es entsteht auf diesem Wege Kartoffelschnaps. Dennoch kann auch die milchsaure Vergärung von Kartoffeln spannende Ergebnisse liefern, gegebenenfalls muss an der idealen Kartoffelsorte für das jeweilige Fermentierprodukt probiert werden. Vor allem die regionale Vielfalt der deutschen Kartoffelsorten sollte genug Anreiz bieten, sich an der Fermentation von Kartoffeln zu probieren. In unserem Rezept werden die zunächst fermentierten Kartoffeln zu einem Teig verarbeitet.

ZUTATEN FÜR CA. 3 KG TEIG

1 kg vorwiegend festkochende Bio-Kartoffeln (aromatische Sorte, z. B. Bamberger Hörnchen)
ca. 50 g unjodiertes Meersalz
800 ml Schafsjoghurt (nicht wärmebehandelt)
1,3 kg Weizenmehl (Type 405)

BESONDERES EQUIPMENT

2 Vakuumierbeutel (2 l Inhalt; alternativ luftdicht verschließbares, säureunempfindliches Gärgefäß mit ca. 3 l Inhalt, Kohlblatt und Gewicht)
Vakuumiergerät
evtl. Dörrautomat (oder Wärmeschrank, s. S. 25, Wärme)
Kartoffelstampfer

DIE LACTO-FERMENTATION

1. Die Kartoffeln gründlich waschen und in ungesalzenem Wasser weich kochen. Das Wasser abgießen und die Kartoffeln auskühlen lassen.

2. Je 500 g Kartoffeln abwiegen und mit je 10 g Salz gut vermengen. Anschließend in die Vakuumierbeutel füllen, vakuumieren und etwa 12 Tage bei erhöhter Raumtemperatur (ideal sind 30 °C, z. B. Raum mit Fußbodenheizung oder Dörrautomat) lagern. Die Beutel blasen sich im Verlauf der Fermentation durch das entstehende Kohlendioxid auf (Bild 1). Gegebenenfalls die Beutel zwischendurch an einer kleinen Stelle öffnen, das Gas entlassen und anschließend neu versiegeln.

3. Wer kein Vakuumiergerät hat, kann die Kartoffeln alternativ in einer 2%igen Salzlake (20 g unjodiertes Meersalz in 1 l Wasser auflösen) fermentieren. Dazu die Kartoffeln in das Gärgefäß geben, mit einem Kohlblatt abdecken, beschweren und mit der Salzlake auffüllen, bis die Kartoffeln etwa 2 cm hoch von der Flüssigkeit bedeckt sind. Das Gefäß luftdicht verschließen – wichtig ist, dass entstehender Druck entweichen kann (z. B. über den Gummiring im Bügelverschluss oder die Wasserrinne in einem Steingutgärtopf).

4. Die fermentierten Kartoffeln schälen und mit dem Joghurt, dem Mehl und dem restlichen Salz (30 g) in einer Schüssel mit dem Kartoffelstampfer zerstampfen, bis ein brotartiger Teig entstanden ist (Bild 2). Den Teig zugedeckt in einer Schale 12 Stunden kalt stellen. Dann den Teig verarbeiten (Rezept s. S. 106).

TIPP Die Fermentation im Vakuumbeutel ist nicht besonders anfällig und relativ gelingsicher. Die fertigen Kartoffeln haben einen leicht käsigen Geruch, der im verarbeiteten Teig untergeht. Wird in Lake fermentiert, muss die Oberfläche für die Weiterverarbeitung der Kartoffeln frei von Kahmhefe und Schimmel sein.

1

Das Aufblasen des Beutels kommt durch das produzierte CO_2 der Bakterien zustande.

Die fermentierten Kartoffeln und der Joghurt sorgen als Starterkultur für den Teig.

VARIANTE Alternativ können Sie die gekochten Kartoffeln mit dem Joghurt säuern. Hierfür ist es besonders wichtig, dass der Joghurt nicht wärmebehandelt wurde – eventuell auf Kuhmilchjoghurt zurückgreifen (im oben beschriebenen Rezept kommen die Milchsäurebakterien der fermentierten Kartoffeln hinzu, dort kann notfalls auch ein wärmebehandelter Joghurt genommen werden). Kartoffeln und Joghurt in der Küchenmaschine mit dem Knethaken zu einer einheitlichen Masse verarbeiten, kleine Stücke stören nicht. In eine Schale geben, mit einem Teller abdecken und bei Raumtemperatur etwa 4 Tage stehen lassen. Mehl und Salz hinzufügen. Teig wie oben beschrieben 12 Stunden ruhen lassen und verarbeiten.

Gegrillte Fladen aus milchsaurem Kartoffelteig mit Austernpilzen und Burrata

Für 4 Portionen
Zubereitung: 45 Min.
Gehen: 30 Min.

2 Bund gemischte Kräuter (z. B. Thymian, Basilikum, Estragon, Kerbel, Petersilie, Pimpernelle, Dill, Schnittlauch, Minze)
600 g Kartoffelteig (s. S. 104)
400 g gemischte Pilze (z. B. Shiitake, Austernpilze, Kräutersaitlinge, Enoki)
1 Radicchio treviso
300 g Weintrauben (blau oder grün, gerne etwas säuerlich)
1 Bergamotte
6 EL Olivenöl (gerne grasig-frisch, z. B. aus Umbrien)
Meersalz
frisch gestoßener schwarzer Pfeffer
500 g Burrata

AUSSERDEM
Holzkohlegrill

1. Die Kräuter waschen und trocken schütteln, die Blätter abzupfen. Die Hälfte der Kräuterblätter abgedeckt kalt stellen, den Rest grob hacken. Die gehackten Kräuter in den Teig kneten, diesen dann in vier Portionen teilen. Die Teigportionen zu Kugeln formen und an einem warmen Ort etwa 30 Minuten gehen lassen.

2. Inzwischen die Pilze putzen und mit den Fingern grob zerzupfen. Den Radicchio waschen und den Strunkansatz abschneiden. Die Trauben waschen, dabei an den Stielen belassen. Die Bergamotte waschen und trocken reiben. Den Grill anheizen.

3. Die aufgegangenen Teiglinge mit den Fingern vorsichtig zu Fladen ausziehen, dabei versuchen, die Luft im Teig zu behalten. Die Fladen an der Oberfläche jeweils vorsichtig mit ein wenig Olivenöl benetzen und mit dieser Seite nach unten auf den Grillrost mit großzügigem Abstand zur Glut legen. Dann die Fladen auf der Oberseite ebenfalls mit ein wenig Öl benetzen. Die Pilze, Radicchio und Trauben ebenfalls auf den Grill legen und von allen Seiten kräftig grillen (falls der Grill zu klein ist, Pilze und Radicchio zuerst grillen).

4. Die Fladen nach etwa 4 Minuten umdrehen und weitere 4 Minuten grillen. Während dieser Zeit Radicchio, Pilze und Trauben auf den Fladen verteilen. Mit Meersalz und Pfeffer großzügig würzen. Die Burrata zerzupfen und ebenfalls auf die Fladen verteilen.

5. Die Fladen vom Grill nehmen. Die kalt gestellten Kräuter und das verbliebene Olivenöl sowie 1 weitere Prise Meersalz und Pfeffer daraufgeben. Etwas Schale von der Bergamotte darüberreiben. Etwas Saft der Bergamotte darüber auspressen.

Rote-Bete-Kefir

Wer sich das Entsaften der Roten Bete sparen will, kann auch auf gekauften Saft zurückgreifen. Allerdings sollte ein hochwertiges Bio-Produkt eingesetzt werden, um die Kefirkristalle nicht zu schwächen.

Ob groß oder klein, länglich oder kugelrund, rubinrot, gelb, orange oder weiß, einfarbig oder geringelt – alle Bete-Knollen teilen sich die Fülle an Vitaminen und Mineralien. Auch sagt man dem Gemüse Leistungssteigerung und eine heilende Wirkung bei verschiedensten Krankheiten nach, nicht nur aufgrund des hohen Eisengehalts.

Obwohl auch die Blätter ein tolles Aroma mit sich bringen, ist ihre enge Verwandtschaft zur Zuckerrübe der Grund, weshalb sich die erdige Süße der Knollen besonders zur Fermentation mit Organismen eignet, die Zucker als Energiequelle nutzen. Die Herstellung von Kefir ist eine dieser Fermentationstechniken. Die spritzigen Kefiraromen balancieren die süß-nussigen Erdaromen der Roten Bete.

ZUTATEN FÜR CA. 800 ML

1,2 kg Bio-Rote-Bete
3 EL Zucker
2–3 EL Wasserkefirknollen
ggf. 1 Scheibe Bio-Zitrone

BESONDERES EQUIPMENT

Entsafter
Gärgefäß (ca. 1 l Inhalt; säureunempfindlich, z. B. Glas)
sauberes Tuch (z. B. Musselintuch, Etamine)
Gummiband
evtl. dickwandige Glasflaschen mit Bügelverschluss (zum Karbonisieren)

DIE KEFIR-FERMENTATION

1. Rote Bete schälen, in grobe Stücke schneiden und entsaften. 1 bis 2 EL Trester gut verpackt im Kühlschrank aufbewahren. Zucker im Saft auflösen. In das Gärgefäß geben, sodass dieses zu maximal zwei Dritteln gefüllt ist. Kefirknollen dazugeben (Bild 1). Gefäß mit dem Tuch abdecken, dieses mit dem Gummiband fixieren. Gegebenenfalls Zitrone dazugeben (Kefir sollte nicht zu oft hintereinander in Ansätze ohne Zitrone und ungeschwefeltes Dörrobst kommen, ab und zu ist es unproblematisch).

2. Den Kefir 2 bis 3 Tage bei Raumtemperatur fermentieren. Währenddessen aber regelmäßig probieren, er kann schon früher fertig sein oder je nach Raumtemperatur etwas länger brauchen. Dann, falls zugesetzt, die Zitrone entfernen. Den Kefir durch ein Sieb gießen, sodass die Kristalle direkt in den nächsten Ansatz können. Den fertigen Kefir entweder direkt verzehren oder weiterverarbeiten (Rezept s. S. 110). Sollte der Kefir nicht aktiv sein, kann er durch Zitronensäure unterstützt werden. Hat sich auf der Oberfläche Schimmel gebildet, den Kefir unmittelbar entsorgen.

3. Durch die Zugabe von etwa 1 EL Obst- oder Gemüse(püree), z. B. den beim Entsaften aufgehobenen Rote-Bete-Trester, und eine zweite Fermentation in dicken Glasflaschen mit Bügelverschluss kann der Kefir karbonisiert werden. Aber Vorsicht: Karbonisieren verlangt Erfahrung. Die Fermentation in verschlossenen Flaschen bei Raumtemperatur kann schon nach 1 Tag zu hohem Druck führen (Bild 3). Sie sollte daher zu Beginn im Sommer 2 Tage, im Winter 3 bis 4 Tage nicht überschreiten.

TIPP Kefirknollen passen sich ihrer Umgebung an und werden im roten Saft rubinfarben (Bild 2). Durch Abspülen und Fermentieren in hellen Medien werden sie nach und nach wieder weiß. Wer Verfärbungen in unmittelbar folgenden hellen Kefirgetränken vermeiden will, sollte den Kefir nur herstellen, wenn er genug Kristalle übrig hat.

1

Für den Ansatz von Kefir das Gefäß maximal zu zwei Dritteln füllen.

2

Die Kefirkristalle nehmen während der Fermentation die Farbe ihres Substrats an.

3

Das Öffnen der Flaschen unter einem Tuch verhindert das Verteilen des Safts im Raum.

Heilbutt mit Rote-Bete-Kefir, Roggen-Cracker und Kartoffel-Mousseline

Für 4 Portionen
Zubereitung: 1 Std.
Backen: 15 Min.

ROGGEN-CRACKER

250 g Vollkorn-Roggenmehl
2 EL Zuckerrübensirup
4 EL Pflanzenöl (z. B. kalt gepresstes Rapsöl)
2 EL Schwarzkümmel
Meersalz

KARTOFFEL-MOUSSELINE

800 g mehligkochende Kartoffeln
Meersalz
200 g Crème fraîche (s. S. 192)

HEILBUTT

1 kg Kotelett (oder 4 Koteletts à 250 g) vom Schwarzen Heilbutt aus Grönland (oder 600 g Filet)
2 EL Pflanzenöl (z. B. kalt gepresstes Rapsöl)
100 g Butter
Meersalz

FINISH

200 g Wildkräuter-Salat
2 EL Pflanzenöl (z. B. kalt gepresstes Rapsöl)
1 TL milder Essig (z. B. Birnenessig, s. S. 88)
300 ml Rote-Bete-Kefir
Meersalz

AUSSERDEM

Kartoffelpresse (oder Passiermühle, Durchstreichsieb)

ROGGEN-CRACKER
Aus Mehl, Sirup, Öl, 1 EL Schwarzkümmel und 100 ml Wasser einen festen Teig kneten, diesen abgedeckt 10 Minuten ruhen lassen. Den Backofen auf 180 °C Ober- und Unterhitze vorheizen, ein Backblech mit Backpapier belegen. Teig auf der bemehlten Arbeitsfläche oder mit einer Nudelmaschine etwa 3 mm dick ausrollen. Auf das Blech legen, mit Wasser besprühen, mit etwas Salz und restlichem Schwarzkümmel bestreuen. Im Ofen (Mitte) in 12 bis 15 Minuten leicht braun und knusprig backen. Auskühlen lassen.

KARTOFFEL-MOUSSELINE
In der Zwischenzeit die Kartoffeln schälen, waschen und in Wasser mit 1 kräftigen Prise Salz gar kochen. Die Kartoffel abgießen und ausdampfen lassen. Durch eine Kartoffelpresse, eine Passiermühle oder ein Durchstreichsieb geben und in einem kleinen Topf locker mit der Crème fraîche vermengen. Mit Salz abschmecken.

HEILBUTT
Den Fisch putzen und salzen. Eine Pfanne auf mittlerer Stufe erhitzen, das Öl und den Fisch hineingeben und diesen rundherum leicht bräunen. Die Hitze reduzieren, die Butter auf den Fisch geben. Fisch in der Pfanne ziehen lassen, dabei immer wieder flüssige Butter darüberschöpfen (arrosieren). Falls ein großes Kotelett zubereitet wird, dieses im Ofen mit der Resthitze je nach Dicke etwa 5 Minuten ziehen lassen.

FINISH
Den Wildkräuter-Salat verlesen, waschen und trocken schleudern. Die Blätter zupfen. Mousseline vorsichtig erhitzen, dabei nicht zu viel rühren. Kräuter mit Öl und Essig anmachen.

Zum Anrichten Mousseline in Teller geben und den Fisch darauflegen. Bei der Verwendung von Koteletts die ungenießbare schwarze Haut vorher ablösen. Den Kefir angießen, den Salat daraufsetzen und alles mit Meersalz bestreuen. Den Cracker in Stücke brechen und jeweils ein Stück mit auf jeden Teller geben.

Tomatenessig

Die zweistufige Fermentation bedarf etwas Geduld und einiger Hilfsmittel. Doch das zahlt sich aus, denn die Belohnung ist ein feiner Essig, den Sie so nirgends kaufen können.

Tomaten sind aus der mitteleuropäischen Küche kaum noch wegzudenken und das ganze Jahr über erhältlich. Allerdings ist ihre Aromatik in den späten Sommermonaten, in denen die Sonne am stärksten ist, von besonderer Vielfalt und Komplexität. Daher ist die Konservierung dieser Aromatik von besonderer Bedeutung. Gängige Methoden sind das Herstellen von Tomatenkonserven, -mark oder das Trocknen. Aber auch die Fermentation von Tomaten ermöglicht, ihre Aromenvielfalt festzuhalten und vor allem weiter auszubauen.

ZUTATEN FÜR 2 L

1 Fläschchen Portweinhefe für 50 l
300 ml naturtrüber Bio-Apfelsaft
2,8 kg Zucker | 1,4 g Hefenährsalz
2,4 kg reife Bio-Tomaten | 1 l Mineralwasser
2 g Zitronensäure | 1 Essigmutter

BESONDERES EQUIPMENT

Flasche (1 l Inhalt) mit passendem Gärspund
Entsafter
Gärgefäß mit Spund (ca. 3 l Inhalt; säureunempfindlich)
Vinometer (s. S. 25, Messgeräte)
Filter
Essig-Gärgefäß mit weiter Öffnung (ca. 3 l Inhalt; säureunempfindlich)
sauberes, feinmaschiges Tuch (zweischichtig gelegt)
Gummiband
Flaschen zum Abfüllen

DIE ESSIGSÄUREGÄRUNG

1. Für den Gärstarter Portweinhefe, Apfelsaft, 30 g Zucker und 0,4 g Hefenährsalz in die Flasche füllen. Mit einem gefüllten Gärspund verschließen. Bei Raumtemperatur stehen lassen und beobachten, ob der Gärspund durch Blubbern (nach 2 bis 3 Tagen) die Hefeaktivität anzeigt. Ist der Gärstarter aktiv, diesen noch 1 bis 2 Tage stehen lassen.

2. Tomaten waschen, entsaften. Trester, Saft und Mineralwasser mit 1 kg Zucker mischen, bis sich der Zucker gelöst hat. In das Gärgefäß geben (ein Drittel Luftraum!). Restliches Hefenährsalz (1 g) und Zitronensäure hinzufügen. Gärstarter gut schütteln, sodass die abgesetzte Hefe mit in den Ansatz kommt. 100 ml Gärstarter zum Tomatenansatz geben (restlicher Starter lässt sich gekühlt 1 bis 2 Wochen aufbewahren). Gefäß mit dem Gärspund verschließen. Bei Raumtemperatur lagern.

3. Die Gärung sollte nach 2 bis 3 Tagen einsetzen, erkennbar am blubbernden Gärspund (Bild 1). Notfalls noch 100 ml Gärstarter und 300 g Zucker dazugeben. Ist der Ansatz nach 1 Woche nicht aktiv, muss erneut begonnen werden. Regelmäßiges Schwenken – Vorsicht, dass der Ansatz nicht überschäumt – versorgt sich absetzende Hefen mit noch verfügbarem Zucker. Nimmt die Gärung nach 4 bis 6 Wochen ab, restlichen Zucker in drei Teilen nach je 1 Woche dazugeben (mit möglichst wenig Sauerstoffkontakt!). Wein bis zu einem Alkoholgehalt von 8 bis 9 Vol-% vergären, das kann 2 bis 3 Monate dauern. Wein vorsichtig von der Hefe abziehen, dazu durch einen Filter gießen und am Boden befindliche Hefe zurücklassen (Bild 2).

4. Für Essig Wein mit der Essigmutter in das Gärgefäß mit weiter Öffnung geben (Bild 3). Mit dem Tuch und dem Gummiband verschließen. Bis zu einem Alkoholgehalt von 0,3 bis 3 Vol-% vergären, dafür nach 1 bis 2 Monaten regelmäßig Alkoholgehalt kontrollieren. Filtern und in Flaschen abfüllen. Gekühlt hält sich der Essig 2 bis 3 Jahre.

Feine Blässchen im Tomatenansatz zeigen einen aktiven Gärstart an.

2

Der gefilterte Tomatenwein hat eine deutlich hellere Farbe als der Ansatz.

3

Der ideale Gärstarter: eine helle, mit ausreichend Sauerstoff versorgte Essigmutter,

Raindrop-Terrine mit Tomatenessig und Crunch

Für 4 Portionen
Zubereitung: 1,5 Std.
Gelieren: 2 Std.

RAINDROP-TERRINE

- 1 kg vollreife Tomaten
- Meersalz
- 1,5 kg Kaisergranat (Fleisch ausgelöst, Schwänze und Karkassen separat lassen)
- 1 EL mildes, feines Olivenöl
- 80 ml Tomatenessig (s. S. 112)
- 2,8 g Agar Agar
- 1 Handvoll feine Basilikumblätter
- 1 Handvoll feine Dillspitzen

BISQUE

- 100 g Schalotten
- 1 Möhre
- 2 Stangen Staudensellerie
- 2 EL Pflanzenöl
- 300 g Sahne
- Meersalz
- Stiele vom Basilikum und Dill
- 2 Kaffir-Limettenblätter
- 100 g kalte Butter
- Saft von 1 Bio-Limette

CRUNCH

- 80 g Erdnusskerne
- Chiliflocken
- Meersalz
- 40 g Garnelen-Krupuk
- abgeriebene Schale von 1 Bio-Limette

AUSSERDEM

- 4 Kuppelformen (ca. 10 cm Ø und 150 ml Inhalt, z. B. aus Silikon)
- Musselintuch (oder Etamine)

RAINDROP-TERRINE

Tomaten waschen, Stielansätze entfernen. Quer vier etwa 8 mm dicke Scheiben (knapp 9,5 cm Ø) herausschneiden. Restliche Tomaten mit 1 kräftigen Prise Salz fein pürieren. Im Tuch über einen Messbecher hängen und Sud auffangen. Inzwischen Därme aus dem Kaisergranatfleisch ziehen. Kaisergranatschwänze mit Öl, 1 Prise Salz und 1 EL Tomatensud mischen, in einer Pfanne 2 bis 3 Minuten sanft garen. Formen kalt ausspülen. Läuft kein Sud mehr in den Becher, 420 ml abmessen und mit Essig vermengen (Reste im Tuch und Sudrest aufheben). Abschmecken, 250 ml in einen Topf geben. 2 EL davon mit Agar Agar verrühren und zurück in den Topf geben. Unter Rühren aufkochen. Vom Herd nehmen, übrige Tomaten-Essig-Mischung (250 ml) dazugeben. Ein Viertel der Flüssigkeit in die Formen geben. Sobald sie etwas fester wird, Kaisergranatschwänze, Kräuter und Tomatenscheiben daraufgeben, restliche Flüssigkeit angießen (ggf. wieder erwärmen), sodass alles im Gelee fixiert ist. Im Kühlschrank 2 Stunden gelieren lassen.

BISQUE

Schalotten, Möhre und Sellerie putzen und in haselnussgroße Stücke schneiden. Karkassen mit dem Rücken eines schweren Messers zerkleinern. Einen Topf auf mittlerer Stufe erhitzen. Öl hineingeben, Gemüse und Karkassen kräftig anrösten. Tomatenreste aus dem Tuch hinzufügen, mitrösten. Übrigen Tomatensud mit Wasser auf 1,5 l auffüllen, mit Sahne in den Topf geben. Leicht salzen, Kräuterstiele und Limettenblätter hinzufügen. Offen etwa 30 Minuten köcheln. Durch ein Sieb in einen Topf passieren (60 g Karkassen für den Crunch reservieren), auf etwa 600 ml reduzieren. Butter einmontieren. Mit Limettensaft und Salz abschmecken.

CRUNCH

Backofen auf 180 °C vorheizen. Reservierte Karkassen im Mörser grob zerkleinern, auf ein mit Backpapier belegtes Backblech geben. Erdnüsse auch auf ein Blech geben. Beides im Ofen ca. 10 Minuten rösten. Auskühlen lassen. Karkassen im Blitzhacker zerkleinern. Erdnüsse, Chili, Salz, Krupuk und Limettenschale hinzufügen.

Zum Anrichten die Raindrop-Terrinen jeweils vorsichtig mit einem spitzen Messer vom Rand der Förmchen lösen und auf kleine Teller stürzen. Jeweils mit etwas heißer Bisque auf einem größeren Teller anrichten. Den Crunch dazu reichen.

Enzymatisch gebräunte Auberginen

Bei der enzymatischen Bräunung bedarf es wenig Equipment, die lang andauernde Temperaturkonstanz ist jedoch eine Herausforderung.

Harte Schale, weicher Kern – so könnte man kurz und knapp die Auberginen beschreiben. Doch das aus Indien stammende Gemüse hat mehr zu bieten. Vor allem in seinem Herkunftsland nutzt man noch seine Diversität, wohingegen es in deutschen Supermärkten meist nur ein bis maximal drei Sorten gibt. Die geschmackliche Metamorphose, die bei der Zubereitung von Auberginen entsteht, ist so spannend und köstlich, dass sie auch die Neugier des Fermentierenden weckt. Aufgrund des hohen Wassergehalts eignet sie sich allerdings nur bedingt für eine milchsaure Vergärung. Durch den großen Gehalt an phenolischen Verbindungen liegt aber die enzymatische Bräunung der Aubergine nahe. Dafür ist es wichtig, dass das Gemüse biologisch angebaut wurde und einwandfrei ist. Zudem sollten die Auberginen schön reif sein, um eine vielfältige Aromatik ausbauen zu können. Die enzymatische Bräunung ist sehr zeitaufwendig. Daher macht es Sinn, gleich eine größere Menge von Auberginen auf einmal zu verarbeiten.

ZUTATEN

1–2 kg Bio-Auberginen

BESONDERES EQUIPMENT

Einweghandschuhe

Dörrautomat (oder Wärmeschrank, s. S. 25)

Vakuumiergerät und -beutel (oder verschließbares, luftdurchlässiges Gefäß)

DIE ENZYMATISCHE BRÄUNUNG

1. Das Arbeiten mit sauberen Händen ist bei der enzymatischen Bräunung Voraussetzung. Da nicht mit Starterkulturen gearbeitet wird, empfiehlt sich – auch zum Schutz der Finger – das Arbeiten mit Einweghandschuhen, um die Gefahr von Fremdorganismen zu reduzieren.

2. Den Dörrautomaten auf 60 °C einstellen. Auberginen waschen, putzen und in daumendicke Scheiben schneiden (Bild 1). Die Auberginenscheiben in einen Vakuumierbeutel geben und vakuumieren. Alternativ die Auberginen in einem verschließbaren, aber luftdurchlässigen Gefäß eng stapeln. Im Vakuumbeutel bleiben die Auberginen etwas saftiger.

3. Die Auberginen im Dörrautomaten 8 bis 10 Wochen fermentieren. Auberginen, die nicht im Vakuum fermentiert werden, hin und wieder wenden, damit nicht nur die unteren Scheiben im Saft stehen (Bild 2). Hat sich Schimmel oder eine weiße Schicht gebildet, unmittelbar entsorgen.

4. Die fertig fermentierten Auberginen sind gleichmäßig dunkelbraun (Bild 3). Sie können direkt weiterverwendet (Rezept s. S. 118) oder im Kühlschrank gelagert werden. Wird im Vakuumbeutel fermentiert, halten sich die Auberginen ungeöffnet im Kühlschrank bis zu 1 Jahr. Die offenen Auberginen halten sich luftdicht verpackt im Kühlschrank aufbewahrt etwa 1 Monat. Die Auberginen können wie herkömmliche Auberginen verarbeitet werden. Das Ersetzen von etwa einem Drittel frischer Auberginen durch die gebräunten Auberginen peppt jedes herkömmliche Auberginengericht auf und sorgt für viel Aroma.

TIPP Die Auberginen können nach der Fermentation auf einem Gitter im Dörrautomaten bei 60 °C in 1 bis 2 Tagen getrocknet werden. Luftdicht verpackt halten sie sich so im Kühlschrank mehrere Monate. Die Lagerung über ein halbes Jahr hinaus ist allerdings nicht empfehlenswert.

Alternativ zu den Auberginenscheiben kann auch die ganze Frucht fermentiert werden.

Nach etwa 1 Monat zeigt sich die Verfärbung, die Scheiben können gewendet werden.

Nach der Fermentation sind die Auberginenscheiben gleichmäßig dunkelbraun.

Enzymatisch gebräunte Auberginen Parmigiana

Für 4 Portionen
Zubereitung: 40 Min.
Trocknen / Einweichen: 12 Std.

TOMATEN

600 g vollreife Tomaten
50 ml Tomatenessig (s. S. 112)
50 ml Apfelsaft

AUBERGINEN IN PARMESAN

120 g Parmesan
4 Eier (M)
600 g enzymatisch gebräunte Auberginen (s. S. 116)
4 EL Weizenmehl (Type 405)
4 EL Olivenöl

FINISH

4 Stängel Basilikum
4 EL Olivenöl (gerne mit fein grasigen Noten, z. B. aus Umbrien)
2 EL Tomatenessig (s. S. 112)
1 TL Ahornsirup
Meersalz
2 vollreife gelbe Tomaten
50 g Parmesan

AUSSERDEM

Dörrautomat
ca. 2 Backmatten

TOMATEN

Die Tomaten waschen und die Stielansätze herausschneiden. Etwa 2 Gitter des Dörrautomaten mit Backmatten belegen. Die Tomaten in etwa 3 cm dicke Scheiben schneiden und auf den Backmatten ausbreiten. Die Gitter in den Dörrautomaten schieben, diesen auf 50 °C einstellen. Die Tomaten etwa 8 Stunden trocknen, bis sie recht trocken, aber noch elastisch sind. Nun die Tomatenscheiben mindestens 4 Stunden im Essig einlegen (falls ein Vakuumiergerät vorhanden ist, die Scheiben mit dem Essig einvakuumieren).

AUBERGINEN IN PARMESAN

Den Parmesan reiben und mit den Eiern verrühren. Die Auberginenscheiben kurz trocken tupfen, salzen, dann in Mehl wenden. Eine Pfanne auf mittlerer Stufe erhitzen, das Olivenöl hineingeben. Die Auberginen durch die Parmesan-Eier-Mischung ziehen und in der Pfanne auf beiden Seiten goldgelb braten.

FINISH

Das Basilikum waschen und die Blätter abzupfen, die Stiele hacken. Gehackte Stiele mit Olivenöl, Essig, Ahornsirup und etwas Salz verrühren. Die Tomaten waschen, die Stielansätze herausschneiden. Die Tomaten in etwa 2 cm dicke Scheiben schneiden. Die in Essig eingelegten getrockneten Tomaten abtropfen lassen. Die frischen Tomatenscheiben mit den abgetropften Tomaten und den Auberginenscheiben abwechselnd zu vier Stapeln auf die Teller schichten. Das Dressing und die Basilikumblätter dazugeben. Den Parmesan zum Schluss darüberhobeln.

Gerstensauerteig-Möhren

Inspiriert von anatolischen Fermentationstechniken treffen Möhren auf Gerste und Sauerteig.

Die Fermentation von Obst und Gemüse in bereits fermentierten Endprodukten stellt eine gängige Praxis dar und wird im Japanischen als Nakazuke bezeichnet. Hierbei handelt es sich meist um die Fermentation in unterschiedlichen Fermentationsprodukten, welche namengebend sind: Misozuke ist beispielsweise die Fermentation von Gemüse in Miso. Hingegen wird bei Kasuzuke in den Trubstoffen der Sakeherstellung fermentiert. Aber nicht nur im japanischen Kulturraum stellt dies eine gängige Praxis dar. Auch in der türkischen Fermentationskultur wird die Fermentation von Gemüse in gesäuerten Teigen durchgeführt.

Diese Methode der Fermentation in gesäuertem Teig diente als Inspiration für das folgende Rezept, in dem wir zunächst aus grob zerkleinerten Gerstenkörnern mit Sauerteig als Starterkultur einen gesäuerten Gerstenteig herstellen. In den Teig fermentieren dann junge Möhren. Innerhalb von 1 bis 2 Wochen entwickeln sie ein spannendes Aroma.

ZUTATEN FÜR CA. 400 G

1 kg Gerste

200 g Sauerteig (Fertigprodukt oder s. S. 143)

1 Bund junge Bio-Möhren

BESONDERES EQUIPMENT

Gärgefäß (ca. 3 l Inhalt; säureunempfindlich, z. B. Gärtopf aus Steingut)

DIE FERMENTATION

1. Gerste in einem Multizerkleinerer oder einer Getreidemühle grob zerkleinern. Mit 3 l Wasser in einem Topf etwa 30 Minuten unter regelmäßigem Rühren leicht köcheln lassen, bis auch größere Stücke weich sind. Gerste abgießen, dabei 500 ml Kochwasser auffangen, beides abkühlen lassen.

2. Sobald die Gerste handwarm ist (ca. 30 °C), Kochwasser und Sauerteig einrühren (Bild 1). Abgedeckt im Kühlschrank 2 Tage lagern, bis durch Blasenbildung und leichte »Zersetzung« der Gerste eine Aktivität des Sauerteigs sichtbar ist.

3. Möhren gründlich waschen, das Grün abtrennen. Große Möhren längs halbieren. Möhren mit der aktivierten Gerste vermengen (Bild 2). Diese Mischung nun kompakt in das Gärgefäß geben, mit einem Teller abdecken und im Kühlschrank reifen lassen. Es sammelt sich Flüssigkeit im Gefäß, die Möhren verlieren an Turgor (Zelldruck) und Stabilität, das Aroma entwickelt feine säuerliche Noten, die durch die runden Getreidenoten harmonisiert werden.

4. Nach 1 bis 2 Wochen die ersten Möhren probieren, nach Belieben länger säuern lassen (Bild 3). Hat sich Schimmel gebildet, den Ansatz entsorgen. Verbleiben die Möhren länger im Gerstensauerteig, reifen sie weiter. Im Kühlschrank aufbewahrt sind sie etwa 1 Monat haltbar, säuern dabei aber leicht nach. Die Möhren setzen roh als Beilage oder im Salat reizvolle Impulse. Aber auch gegart (gedünstet, gegrillt, gebacken) entstehen spannende Aromen.

VARIANTE Eine tolle Alternative ist die Fermentation von Gemüse in Misopaste. Dabei ist es wichtig, etwa 400 g Möhren sehr eng und ohne Lufteinschluss in ausreichend Misopaste (ca. 300 g) zu packen. Die Misopaste eventuell mit etwas Wasser anreichern, um Lufteinschlüsse zu verhindern. Gemüse, das auf diese Art etwa 2 bis 3 Wochen reift, kann unerwartete Aromen erzeugen. Für kleine Gemüsestücke, etwa Gurkenscheiben, reicht 1 Nacht.

1

Ist die Sauerteigmischung nicht flüssig genug, etwas Kochwasser hinzufügen.

Die Möhren gründlich vermengen und anschließend eng in das Gefäß packen.

Die fertigen Möhren sind etwas weicher, haben aber noch eine knackige Textur.

Gerstensauerteig-Möhren mit Gerstensalat und Schafsjoghurt

Für 4 Portionen
Zubereitung: 1 Std.

GERSTENSALAT

- 300 ml Gemüsebrühe
- 120 g Gerste (ganz oder als Graupen geschliffen)
- 1 kleines Bund Kerbel
- 4 EL Pflanzenöl (z. B. kalt gepresstes Rapsöl
- 2 EL Essig (z. B. Birnenessig, s. S. 88)
- Meersalz
- 100 g Mini-Mairübchen

GEMÜSE

- 300 g Mairübchen
- 600 g Gerstensauerteig-Möhren (s. S. 120)
- 60 g Butter
- 200 ml Mineralwasser
- Meersalz
- 100 ml Frittieröl

FINISH

- 200 g Schafsjoghurt

GERSTENSALAT

Die Gemüsebrühe in einem kleinen Topf zum Kochen bringen. Die Gerste hineingeben und in 20 bis 30 Minuten gar kochen. In ein Sieb abgießen und abtropfen lassen. In der Zwischenzeit den Kerbel waschen und trocken schütteln, die Blätter abzupfen und die Stiele fein hacken. Aus dem Öl und dem Essig ein Dressing rühren, die gehackten Kerbelstiele hineingeben. Die gegarte Gerste mit der Hälfte des Dressings vermengen und eventuell mit etwas Meersalz würzen. Die Hälfte der Kerbelblätter hinzufügen, den Rest für das Finish beiseitelegen. Die Mini-Mairübchen waschen, das feine Grün abschneiden und für das Finish beiseitelegen. Die Rübchen zur Gerste geben.

GEMÜSE

Die Mairübchen waschen, putzen (Stängel und feines Grün für das Finish aufbewahren) und in etwa 2 cm dicke Spalten schneiden. Die Gerstensauerteig-Möhren von der Gerste befreien, diese auf Küchenpapier legen und beiseitestellen. Die Butter in einer Pfanne bei mittlerer Hitze zerlassen. Die Möhren hineingeben und schwenken. Das Mineralwasser hinzufügen und die Möhren unter Schwenken glasieren, bis die Feuchtigkeit zu einer Art Lack reduziert ist und die Möhren weich sind. Mit Meersalz würzen. Frittieröl in einem kleinen Topf auf mittlerer bis hoher Stufe erhitzen und die beiseitegestellte gesäuerte Gerste darin knusprig frittieren.

FINISH

Den Schafsjoghurt auf vier Teller verteilen, die Möhren, den Gerstensalat und die Mairübchen dazugeben. Den Möhrensud über den Joghurt träufeln. Mit Kerbel- und Mairübchengrün sowie der frittierten Gerste garnieren.

Hülsenfrüchte

Fermentiermethoden für Hülsenfrüchte

Hülsenfrüchte sind die Speicherorte der Pflanze und daher voll mit Proteinen und Kohlenhydraten, die vor allem durch komplexe Organismen zu tollen Fermentationsprodukten werden.

Hülsenfrüchte, auch Leguminosen genannt, sind richtige kleine Kraftpakete: Bohnen, Erbsen und Linsen beinhalten neben einem großen Anteil an Kohlenhydraten viele Proteine. Diese liefern unserem Körper nicht nur Energie und Baustoffe, sondern sind auch oft maßgeblich am Wohlgeschmack von Lebensmitteln beteiligt. Viele Hülsenfruchtsorten wurden eigens dafür gezüchtet, um sie durch die Trocknung zu einem lagerfähigen Energielieferanten zu machen. Durch ihre unmittelbare Trocknung gibt es allerdings nur eine begrenzte Anzahl an Fermentationstraditionen, die sich für Hülsenfrüchte entwickelt haben.

Milchsaure Vergärung

Hülsenfrüchte mit einem hohen Wasseranteil, wie beispielsweise Gartenbohnen, Markerbsen oder Zuckerschoten, sind spannende Protagonisten in der Milchsäure-Fermentation. Möchte man eher trockene Hülsenfrüchte milchsauer vergären, müssen diese zunächst eingeweicht werden. Durch Kochen, Dünsten oder Keimen können Kohlenhydrate und Proteine als Substrate für die Fermentation zugänglich gemacht werden. Das Keimen von Hülsenfrüchten bringt zudem eine reizvolle zusätzliche aromatische Facette mit sich. Da die Hitzebehandlung der Hülsenfrüchte jegliche natürlich vorkommende Fermentationskultur abtötet, ist das Arbeiten mit einer Starterkultur essenziell.

Grundsätzlich sollten Hülsenfrüchte vor dem Verzehr gegart werden, um mögliche Giftstoffe außer Kraft zu setzen – Gartenbohnen etwa enthalten giftiges Phasin, das vor allem Kindern schon in kleinen Mengen gefährlich werden kann.

Die Fäden von Natto kommen durch den Edelschimmel Aspergillus niger zustande.

Fermentation mit Schimmelpilzkulturen

Hülsenfrüchte eignen sich durch ihren hohen Proteingehalt ideal als Ergänzung bei der Herstellung von Würzsaucen, die durch komplexe Fermentationstechniken entstehen. Die auf Weizen und auch Sojabohnen gezüchtete Schimmelpilzkultur Koji kann sich der komplexen Strukturen bedienen, der Pilz wandelt die Bestandteile von Hülsenfrüchten und Getreide zu einzigartigen Aromen um. Auch andere Schimmelpilzkulturen lassen sich ideal auf proteinreichen Hülsenfrüchten anbauen, wie beispielsweise der Schimmelpilz Rhizopus, der aus Sojabohnen Tempeh macht. Durch diese Schimmelpilzfermentationen von Hülsenfrüchten (vorwiegend Sojabohnen) sind beispielsweise Produkte wie Sojasauce, Miso, Tamari, Natto (Bild 1) und Tempeh (Bild 2) entstanden. Die Aromen zeigen sich hier sehr komplex und reichhaltig.

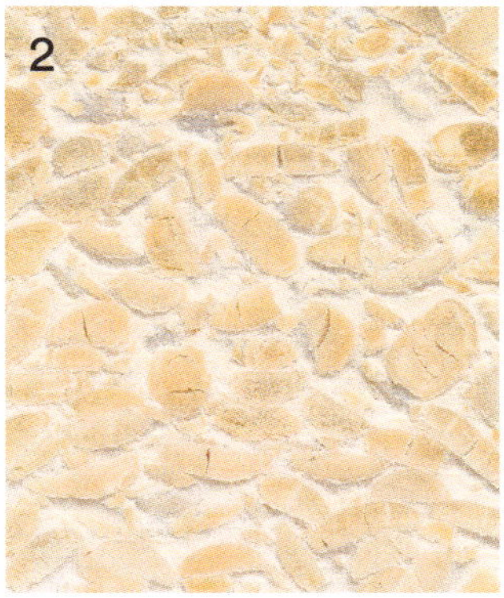

Die kompakte Tempeh-Struktur aus zunächst losen Bohnen entsteht dank Rhizopus.

Durch den gezielten Einsatz von Schimmelpilzkulturen bei unseren heimischen Hülsenfrüchten lassen sich ganz neue Geschmacksdimensionen erzeugen, wie die Rezepte für das Erbsenmiso und das Linsenmiso (s. S. 128 und 132) beweisen. Allerdings sind beim Arbeiten mit Schimmelpilzkulturen viel Erfahrung und ein einwandfreier Umgang mit dem Substrat ausschlaggebend.

Vergärung durch Bakterien und Hefen

Die Mischvergärung von Hülsenfrüchten durch Bakterien und Hefen hat einen eher untergeordneten Stellenwert. Fermentationsprodukte, wie der Teig von Dosa oder Idlis, werden durch die Fermentation eines Linsen-Reis-Gemischs hergestellt. Geschmacklich liegt hier noch viel Potenzial.

Erbsenmiso

Die getrockneten Erbsen können auch durch frische Erbsen ersetzt werden, das gibt dem Miso eine frische Grasnote – frische Erbsen jedoch nicht zu lange fermentieren.

Die Familie der Erbsen ist weit verbreitet und aromenstark. Neben der Zuckerschote und Markerbse, die jung genossen oder verarbeitet werden sollten, gibt es trocknungs- und lagerfähige Erbsen, wie Schälerbsen, Palerbsen oder auch Kichererbsen. Alle Sorten verbinden eine feine Süße und reizvolle grasige Noten kombiniert mit einer geschmacklichen Tiefe. Damit sind sie für vielfältige Fermentationsprozesse attraktiv. Auch die Fermentation von frischen Erbsen kann zu spannenden Ergebnissen mit grasartigen Aromen führen. Die Vielfalt an Hülsenfrüchten bietet genug Anlass mit den regionalen Produkten kreativ zu werden.

ZUTATEN FÜR CA. 3 KG

1 kg getrocknete grüne Bio-Erbsen
600 g getrocknetes Gersten-Koji
600 ml Mineralwasser (stilles Wasser)
140–150 g unjodiertes Meersalz

BESONDERES EQUIPMENT

Alkohol zur Desinfektion (80%ig)
Einweghandschuhe | Küchenthermometer
Fleischwolf mit 2- bis 3-mm-Scheibe (oder leistungsstarker Mixer)
Gärgefäß (ca. 5 l Inhalt; säureunempfindlich, z. B. Gärtopf aus Steingut)
Frischhaltefolie | Gummiband
Teller und Steine (oder Kunststoffbeutel mit Wasser)
evtl. Dörrautomat (oder Wärmeschrank, s. S. 25)

DIE FERMENTATION

1. Die Herstellung von Miso erfordert höchste Sauberkeit. Daher stets alle Gefäße mit Alkohol reinigen und mit Handschuhen arbeiten. Erbsen in 3 l Wasser zugedeckt 12 Stunden im Kühlschrank einweichen. Koji und Mineralwasser in einem sauberen Gefäß vermengen und 12 Stunden abgedeckt bei Raumtemperatur einweichen. Ab und zu mit einem sauberen Löffel umrühren, damit das Koji einheitlich befeuchtet ist.

2. Erbsen in einem Sieb gründlich abspülen, das Wasser entsorgen. Erbsen mit so viel frischem Wasser in einen Topf geben, dass sie mindestens 4 cm hoch bedeckt sind. Aufkochen und unter regelmäßigem Uühren 30 bis 60 Minuten leicht köcheln, bis sie sich zwischen den Fingern zerdrücken lassen (Bild 1). Abgießen und auf 30 °C abkühlen lassen.

3. Erbsen abwiegen, dann 7 % des Erbsengewichts an Salz abwiegen (7 g Salz auf 100 g Erbsen). Salz und Koji unter die Erbsen mengen. Die Masse durch den mit Alkohol gereinigten Fleischwolf geben oder im Mixer zerkleinern (Bild 2).

4. Miso sehr eng und ohne Lufteinschlüsse in ein gereinigtes, desinfiziertes Gefäß packen. Eine dünne Schicht Salz daraufstreuen, sodass sie gerade sichtbar ist. Mit Frischhaltefolie abdecken, mit einem Teller und Steinen beschweren. Alternativ mit einem mit Wasser gefüllten Kunststoffbeutel beschweren und bestmöglich luftdicht abschließen. Bei Verwendung eines Gärtopfs die Wasserrinne füllen. Das Miso an einem warmen Ort (ideal 35 °C) mindestens 4 Monate lagern (Bild 3). Darauf achten, dass die Wasserrinne stets gefüllt ist.

5. Salzschicht abnehmen. Bei Schimmelbildung Miso entsorgen! Beim nächsten Ansatz besser vom Sauerstoff abschließen, ggf. Oberfläche mehr salzen oder Temperatur erhöhen (Dörrautomat!). Miso ist luftdicht verpackt und gekühlt fast unbegrenzt haltbar, längeres Reifen intensiviert den Geschmack.

Die Erbsen sollten weich, jedoch nicht matschig sein – sonst wird das Miso zu feucht.

Das Miso sollte beim Kneten in der Hand nicht zerbröseln, ggf. etwas Wasser dazugeben.

Je länger das Miso fermentiert, umso komplexer werden die Aromen.

Kabeljau, Gemüse und Mayo mit Erbsenmiso

Für 4 Portionen
Zubereitung: 40 Min.
Marinieren: 24 Std.

ERBSENMISO-COD

600 g Kabeljaufilet
100 g Erbsenmiso (s. S. 128)
4 EL Pflanzenöl

ERBSENMISO-KOHLRABI

300 g Kohlrabi
50 g Erbsenmiso (s. S. 128)

MÖHREN, GEPICKLED

4 Stängel Koriandergrün
200 g Möhren (gerne auch mit zartem Grün)
10 Korianderkörner
Meersalz
2 EL milder Essig (z. B. Tomatenessig, s. S. 112)

ERBSENMISO-MAYO

1 Bio-Zitrone
50 ml Aquafaba (oder 1 sehr frisches Eigelb)
50 g Erbsenmiso (s. S. 128)
200 ml Pflanzenöl (z. B. Sonnenblumenöl)

ZUCKERSCHOTEN UND ERBSEN

200 g Zuckerschoten
300 g junge Erbsen in der Schote
1 EL Pflanzenöl (z. B. Sonnenblumenöl)
25 g Erbsenmiso (s. S. 128)

Kabeljau abspülen, trocken tupfen, von möglichen Häutchen und Gräten befreien und in vier Stücke schneiden. Mit Miso einreiben, abdecken und im Kühlschrank etwa 24 Stunden marinieren.

Für den Erbsenmiso-Kohlrabi den Kohlrabi putzen, schälen und in etwa 0,5 cm dicke Stifte schneiden. Mit dem Erbsenmiso vermengen und etwa 24 Stunden bei Raumtemperatur marinieren.

Für die Möhren das Koriandergrün waschen, Blätter abzupfen und kalt stellen. Von den Möhren das feine Grün abzupfen und beiseitelegen. Möhren putzen, waschen (nur falls nötig schälen) und mit dem Sparschäler oder Gemüsehobel längs in dünne Scheiben schneiden. Korianderkörner und -stiele mit 1 kräftigen Prise Meersalz zerstoßen und mit Essig verrühren. Möhren damit vermengen und etwa 30 Minuten stehen lassen. Dann mit Koriander- und Möhrengrün vermengen.

Für die Mayo die Zitrone waschen, Schale abreiben und Saft auspressen. Die Hälfte der Schale und des Safts beiseitestellen. Übrige Schale und übrigen Saft mit Aquafaba und Erbsenmiso in einen Messbecher geben, alles mit einem Pürierstab aufmixen. Das Öl unter Mixen in einem dünnen Strahl einlaufen lassen und die Masse zu einer Mayonnaise emulgieren. Gegebenenfalls kalt stellen.

Den Grill oder Backofengrill (200 °C) an- bzw. vorheizen. Zuckerschoten und Erbsen waschen, von den Zuckerschoten die Stielansätze entfernen. Zuckerschoten und Erbsen von beiden Seiten kurz grillen, bis sie zwar gebräunt, aber noch knackig sind. Inzwischen beiseitegestellte Zitronenschale und -saft mit Öl und Erbsenmiso vermengen. Erbsen aus den Schoten lösen und mit den Zuckerschoten in das Dressing geben. Fisch mit Pflanzenöl benetzen, von beiden Seiten in etwa 4 Minuten gar grillen und mit Kohlrabi, Möhren, Mayo, Zuckerschoten und Erbsen auf Tellern anrichten.

Linsenmiso

Die Linsen für das Miso sollten ungeschält und keimfähig sein, die spezielle Auswahl obliegt dem eigenen Geschmack.

Linsen gehören zu den Hülsenfrüchten. Ihr Anbau erfolgt in Europa vornehmlich in Spanien. Allerdings gibt es auch in Deutschland vereinzelte Anbaugebiete: auf der Schwäbischen Alb, in Hessen sowie Niederbayern. Anhand ihrer farblichen Vielfalt lassen sich Linsen nur bedingt kategorisieren. Schließlich haben sie unterschiedlichste Koch- und Aromaeigenschaften. Vor allem der hohe Proteingehalt macht Linsen zu interessanten Rohstoffen für das Fermentieren. Zwar ist er nicht so hoch wie der von Sojabohnen, sie tragen jedoch mit ihrer Aromatik zu spannenden Ergebnissen für europäische Miso-Varianten bei.

ZUTATEN FÜR CA. 1 KG

500 g getrocknete Bio-Linsen (ungeschält)
300 g getrocknetes Gersten-Koji
200 ml Mineralwasser (stilles Wasser)
ca. 60 g unjodiertes Meersalz

BESONDERES EQUIPMENT

Alkohol zur Desinfektion (80%ig) | Einweghandschuhe
Keimgefäß (oder großes Glas, Tuch und Gummiband)
Fleischwolf mit 2- bis 3- mm-Scheibe (oder Mixer)
Küchenthermometer
Gärgefäß (ca. 2 l Inhalt; säureunempfindlich)
Frischhaltefolie
Teller und Steine (oder Kunststoffbeutel mit Wasser)
sauberes Tuch (z. B. Musselintuch) | Gummiband
evtl. Dörrautomat (oder Wärmeschrank, s. S. 25)

DIE FERMENTATION

1. Die Herstellung von Miso erfordert höchste Sauberkeit. Daher stets alle Gefäße mit Alkohol reinigen und mit Handschuhen arbeiten.

2. Linsen in etwa 1 l lauwarmen Wasser 12 Stunden bei Raumtemperatur einweichen. In einem Sieb gut abspülen und in ein Keimgefäß geben. Alternativ in ein großes Glas geben, dieses mit Tuch und Gummiband verschließen und mit der Öffnung schräg nach unten hinstellen. Etwa 3 Tage keimen lassen.

3. Etwa 12 Stunden bevor die Linsen fertig gekeimt sind, Koji in einem sauberen Gefäß mit dem Mineralwasser mischen. 12 Stunden bei Raumtemperatur lagern, gelegentlich mit einem sauberen Löffel umrühren, damit das Koji einheitlich befeuchtet ist.

4. Reichlich Wasser im Topf aufkochen. Linsen gut abspülen, in 5 bis 10 Minuten weich blanchieren. Abgießen, auf 30 °C abkühlen lassen. Linsen und 7 % des Linsengewichts an Salz abwiegen (7 g Salz auf 100 g Linsen). Salz, Koji und Linsen vermengen (Bild 1). Durch einen mit Alkohol gereinigten Fleischwolf geben oder im Mixer zerkleinern.

5. Miso sehr eng und ohne jegliche Lufteinschlüsse in ein gereinigtes, desinfiziertes Gefäß packen. Mit einer dünnen Salzschicht bedecken, bis diese leicht sichtbar ist. Mit Frischhaltefolie abdecken, mit Teller und Steinen beschweren (Bild 2). Alternativ mit einem wassergefüllten Kunststoffbeutel beschweren und luftdicht abschließen. Mit dem Tuch und dem Gummiband verschließen. An einem warmen Ort (ca. 35 °C) mindestens 4 Monate lagern.

6. Salzschicht vom Miso abnehmen. Bei Schimmelbildung das Miso entsorgen (beim nächsten Ansatz besser vom Sauerstoff abschließen, ggf. Oberfläche mehr salzen, bei höherer Temperatur lagern, evtl. im Dörrautomaten). Das Miso ist luftdicht verpackt im Kühlschrank fast unbegrenzt haltbar, längeres Reifen intensiviert den Geschmack.

Ist die Linsen-Koji-Mischung nach dem Zerkleinern zu trocken, etwas anfeuchten.

Die Misooberfläche sollte mit einem beschwerten Teller von Luft abgeschlossen sein.

Spätzle mit Linsen-miso-Liebstöckel-Sud und Linsensprossen

Für 4 Portionen
Zubereitung: 1 Std.
Einweichen: 8 Std.
Garen: 40 Min.

LINSENMISO-LIEBSTÖCKEL-SUD
- 200 g braune Linsen (z. B. aus Castelluccio)
- 300 g Staudensellerie
- 300 g Schalotten
- 300 g Möhren
- 1 Stück Kombu-Alge (ca. 20 g)
- 1 Bund Liebstöckel
- 1 EL japanische Sojasauce
- 1 EL Mirin
- 1 EL Sake
- 120 g Linsenmiso (s. S. 132)

SPÄTZLE
- Meersalz
- 300 g griffiges Mehl (Spätzlemehl)
- 8 Eier (M)
- 40 g Linsenmiso (s. S. 132)
- 2 EL Schnittlauchröllchen
- 30 g Butter

SPROSSEN
- 100 g Linsensprossen
- 1 EL Essig (z. B. Tomatenessig, s. S. 112)
- Meersalz
- frisch gestoßener schwarzer Pfeffer

AUSSERDEM
- Spätzlebrett oder -presse

LINSENMISO-LIEBSTÖCKEL-SUD

Die Linsen in kaltem Wasser mindestens 8 Stunden einweichen. Den Sellerie, die Schalotten und die Möhren putzen und waschen bzw. schälen. Das Gemüse in kleine Würfel schneiden. Die Linsen in einem Sieb abtropfen lassen. Linsen, Gemüsewürfel, Kombu-Alge und 1,5 l kaltes Wasser in einem Topf zugedeckt bei mittlerer Hitze zum Köcheln bringen. Die Linsen in 20 bis 40 Minuten weich garen. Den Liebstöckel waschen, die Blätter abzupfen und kalt stellen. Die Liebstöckelstiele hacken und ebenfalls in den Topf geben. Wenn die Linsen weich gekocht sind, die Alge entfernen. Den Sud mit Sojasauce, Mirin und Sake abschmecken. Ganz zum Ende die Liebstöckelblätter und das Linsenmiso hinzufügen.

SPÄTZLE

In einem großen Topf reichlich Wasser mit 1 kräftigen Prise Meersalz zum Kochen bringen. Das Mehl in eine Schüssel sieben. Die Eier mit dem Linsenmiso verrühren. Ein Viertel davon abnehmen, Schnittlauch hinzufügen und kalt stellen. Die restliche Eiermischung zum Mehl geben und alles mit der Hand oder einem Holzlöffel kräftig schlagen, sodass möglichst viel Luft eingeschlagen wird und ein elastischer Teig entsteht. Den Teig mit einem Spätzlebrett oder einer Spätzlepresse ins kochende Wasser hobeln oder drücken und die Spätzle kurz aufwallen lassen. Dann in ein Sieb abgießen und abtropfen lassen. Eine Pfanne auf mittlerer bis hoher Stufe erhitzen und die Butter hineingeben. Die Spätzle dazugeben und leicht bräunen. Die kalt gestellte Eier-Linsenmiso-Mischung angießen und stocken lassen.

SPROSSEN

Die Sprossen gründlich waschen und in einem Sieb abtropfen lassen. Mit Essig, etwas Salz und Pfeffer anmachen. Zusammen mit dem Linsenmiso-Liebstöckel-Sud und den Spätzle anrichten.

Milchsauer vergorene Schnippelbohnen

Für die Schnippelbohnen kann man sich an der saisonalen Bohnenvielfalt reichhaltig bedienen. Wichtig ist, dass unterschiedliche Bohnensorten so geschnitten werden, dass die Stücke am Ende etwa gleich groß sind.

Bohnen zählen in Deutschland zu den beliebtesten und nahrhaftesten Hülsenfrüchten und ihre Verarbeitung hat eine lange Tradition. Vor allem in Norddeutschland sind die Verarbeitungs- und Konservierungsmethoden von Bohnen divers. So wurden früher vollreife Bohnen beispielsweise in Ostfriesland als »Updrögt Bohnen« getrocknet oder als »Schnippelbohnen« milchsauer vergoren. Dort gibt es sogar in dem ein oder anderen Haushalt noch eigens für die Schnippelbohnen ein Gerät zum Schneiden der Bohnen. Die Bohnen, in die passende Größe geschnitten, werden anschließend gesalzen und in einen sogenannten »Flintpott« – einen Steinguttopf – gegeben, um dort milchsauer zu vergären und dann im Winter als Eintopf auf den Tisch zu kommen. Die Bohnensorte für dieses Rezept spielt keine Rolle – das Angebot entscheidet!

ZUTATEN FÜR CA. 3,6 KG

4 kg gemischte frische Bio-Bohnen (z. B. verschiedenfarbige Buschbohnen, Stangenbohnen, Borlottibohnen)
ca. 80 g unjodiertes Meersalz
evtl. 2%ige Salzlake (20 g unjodiertes Meersalz auf 1 l Wasser)

BESONDERES EQUIPMENT

Gärgefäß (ca. 5 l Inhalt; säureunempfindlich, z. B. Gärtopf aus Steingut)
Gewichte

DIE LACTO-FERMENTATION

1. Die Bohnen gut waschen, die Enden abschneiden und, falls nötig, die Fäden abziehen. Mit einem Messer oder einem Bohnenschneider in etwa 1 cm lange Stücke schneiden (Bild 1). Die geschnittenen Bohnen abwiegen, dann 2 % des Bohnengewichts an Salz abwiegen (2 g Salz auf 100 g Bohnen). Das Salz und die Bohnen gut mit den Händen vermischen. Einen Deckel auf die Bohnen legen und diese 3 bis 4 Stunden Wasser ziehen lassen.

2. Die Bohnen eng in das Gärgefäß packen und mit Gewichten beschweren. Die entstandene Lake darübergießen, sodass die Bohnen etwa 3 cm hoch davon bedeckt und vom Sauerstoff abgeschlossen sind. Sollte die Lake der Bohnen dafür nicht ausreichen, zusätzlich mit Salzlake auffüllen (Bild 2). Das Gärgefäß verschließen. Bei Verwendung eines Steinguttopfs die Wasserrinne mit Wasser füllen, sodass kein Sauerstoff in den Topf gelangen kann.

3. Die Bohnen 2 bis 3 Wochen bei Raumtemperatur fermentieren (Bild 3). Anschließend an einem kühlen Platz (ca. 15 °C, z. B. Keller) aufbewahren, dort halten sie sich bis zu 6 Monate. Beim Steinguttopf darauf achten, dass die Rinne stets mit Wasser gefüllt ist. Sollte sich Schimmel auf der Lake bilden oder liegen die Bohnen auf dem Trockenen, sind sie zu entsorgen. Die fertigen Bohnen weiterverarbeiten, z. B. in unserem Taco-Rezept (s. S. 138). Sie bereichern auch Eintöpfe oder schmecken gegart als Beilage.

WICHTIG Der Konsum von rohen fermentierten Bohnen ist sehr umstritten. Rohe Bohnen enthalten Giftstoffe, etwa Blausäure und Phasin, von dem Verzehr roher Bohnen ist daher abzuraten. Durch die bei der Fermentation entstehende Milchsäure wird das Phasin teilweise, aber nicht vollständig abgebaut – deshalb auch fermentierte Bohnen vor dem Verzehr stets erhitzen! So wird das Phasin gänzlich zerstört und kann nicht zu unerwünschten Nebenwirkungen führen.

1

Bohnen in gleich große Stücke schneiden, damit sie gleichmäßig fermentieren.

2

Bohnen im Topf gut beschweren und mit mindestens 3 cm Überstand mit Lake auffüllen.

3

Die Bohnen sind matter als zu Fermentationsbeginn – weiße Bohnen sind leicht grünblau.

Schnippelbohnen-Tacos mit Apfel und Cracklings

Für 4 Portionen
Zubereitung: 1 Std.

TORTILLAS
- 1 kleines Bund Koriandergrün
- 300 g Masa de harina
- 1 TL Chiliflocken
- Meersalz
- 150 g Kidneybohnen (im Sud)
- 2 EL Kokosöl

FÜLLUNG
- 1 rote Chilischote
- 1 Apfel
- 2 Knoblauchzehen
- 2 Schalotten
- 200 g Kidneybohnen (abgetropft; plus 50 ml Sud)
- Meersalz
- 4 EL Olivenöl
- 1 TL Kreuzkümmel
- 500 g milchsauer vergorene Schnippelbohnen (s. S. 138)
- 100 ml Sud von milchsauren Schnippelbohnen (s. S. 138)
- 2 kleine Salatherzen
- 2 Bio-Limetten
- 4 EL Crème fraîche (s.S. 192)
- 4 EL Meerrettich-Chili-Sauce (s. rechts)
- 1 frische Jalapeno (in Scheiben)
- 1 Schalotte (in feinen Scheiben, mit Himbeeressig mariniert)
- 80 g Cracklings (Schweineschwarten-Cracker)

AUSSERDEM
- evtl. Tortillapresse (ca. 20 cm Ø; alternativ Nudelholz und 2 Bögen Backpapier)

TORTILLAS

Koriander waschen, Blätter abzupfen und beiseitelegen. Stiele hacken und mit Masa de harina, Chiliflocken und 1 kräftigen Prise Salz mischen. Kidneybohnen mit Sud, Kokosöl und 300 ml warmem Wasser fein pürieren, zur Masa-Mischung geben und alles zu einem elastischen Teig kneten. Den Teig 15 Minuten ruhen lassen. Dann kleine Kugeln aus dem Teig formen und diese mithilfe einer Tortillapresse nach und nach zu Tortillas formen (alternativ die Teigkugel zwischen Backpapier legen und mit dem Nudelholz ausrollen). Die Tortillas dann jeweils direkt in einer trockenen Pfanne bei mittlerer Hitze auf beiden Seiten je etwa 1 Minute backen.

FÜLLUNG

Chili und Apfel waschen, Knoblauch und Schalotten schälen. Alles in kleine Stücke schneiden, dabei den Apfel entkernen und von der Chili den Stielansatz entfernen. Etwas Chili und Knoblauch abnehmen, mit Kidneybohnen und Sud, Meersalz, 2 EL Öl und 1 kräftigen Prise Kreuzkümmel pürieren. In einem kleinen Topf erhitzen. Eine große Pfanne auf mittlerer bis hoher Stufe erhitzen, übriges Öl und die verbliebenen Stücke hineingeben, leicht anbraten. Bohnen und restlichen Kreuzkümmel hinzufügen, kurz mit anbraten. Bohnen-Sud hinzufügen und alles 3 bis 4 Minuten köcheln lassen, bis die Flüssigkeit fast verdampft ist. Salatherzen waschen und längs achteln. Die Limetten waschen, von 1 Limette die Schale abreiben und zusammen mit der Crème fraîche in eine kleine Schale geben. Saft der Limette dazupressen. Übrige Limette in Spalten schneiden.

FINISH

Die Tortillas gegebenenfalls leicht erwärmen. Dann jeweils die Bohnenpaste, die Bohnenmischung, Salat, die Korianderblätter, die Crème fraîche, Jalapeno, marinierte Schalotte und die Chilisauce daraufgeben. Cracklings darüberstreuen. Zusammen mit den Limettenspalten servieren.

TIPP Statt selbst gemachter Tortillas eignen sich für das Rezept genauso gut auch gekaufte Mais-Tortillas.

Meerrettich-Chili-Sauce: Chilischoten und Meerrettich zu gleichen Teilen putzen, sehr fein schneiden. Eng in ein luftdicht schließendes Gefäß packen, mit einem Gewicht beschweren und mit 2%iger Salzlake 2 cm hoch bedecken. Verschließen und 1 bis 4 Wochen fermentieren. Lake separieren. Masse fein pürieren, dabei mit der Lake die Konsistenz anpassen.

Getreide

Fermentiermethoden für Getreide

Wer an alte Getreidesorten wie Emmer oder Einkorn kommt, sollte sich unbedingt an deren Fermentation wagen – sie sind häufig aromatisch spannend und können interessante Ergebnisse liefern.

Getreide hat als Stärkelieferant einen geringen Wasseranteil, ist einfach zu trocknen und besitzt daher ein hohes Lagerpotenzial. Wegen seiner Robustheit und Anspruchslosigkeit wird in fast allen Kulturen, die Landwirtschaft betreiben, in irgendeiner Form Getreide angebaut. Um das getrocknete Getreide dann anschließend als Nahrungsmittel verwenden zu können, haben sich unter anderem viele Fermentationstechniken entwickelt. Aufgrund der Komplexität der Kohlenhydrate, die in Getreide enthalten sind, ist ihr Abbau für die Fermentation wesentlich.

Mais

Bei der Kultivierung von Mais hat sich eine außergewöhnliche Entwicklung ergeben. So wurde die Nixtamalisierung, die Behandlung von Mais mit einer basischen Lauge aus gelöschtem Kalk, schon vor Tausenden von Jahren entwickelt, um die Nährstoffe zugänglich zu machen. Nur so lässt sich Mais zu fermentierten Spezialitäten verarbeiten, etwa zum süßen Getränk Tejuino aus Mexiko oder zu Chicha, einem alkoholischen Getränk aus den Anden.

Reis

Reis wird in der Regel durch Kochen vorverdaut. Jedoch gibt es auch Techniken, in denen er zuvor von Milchsäurebakterien fermentiert und erst dann gekocht wird. Durch Einmaischen oder Herstellen von Congee, einem Reisbrei, können Hefen den Reis zu Alkohol verdauen – die Herstellung von Reisbier, -wein und -essig erfolgt auf diesem Wege. Zudem eignet sich gekochter Reis als Substrat für den Schimmelpilz Aspergillus oryzae und sorgt durch die Fermentation für fruchtig-nussige Aromen.

Weizen, Gerste, Hafer

Getreide wie Weizen, Gerste oder Hafer werden durch Einmaischen vorverdaut. Auf diesem Wege wird die Stärke aus dem Getreide »verzuckert« und Hefen können dann die süße Maische vergären. Auch das vorherige Keimen des Getreides sorgt für einen besseren Fermentationsstart. Der hohe Kohlenhydratanteil, vorwiegend in Form von Stärke, macht Getreide sowohl für Hefen als auch für Milchsäurebakterien attraktiv.

Die Symbiose der verschiedenen Kulturen ist besonders von Sauerteigen bekannt. Beide Gruppen von Mikroorganismen agieren hier zusammen und resultieren in der typischen, feinsäuerlichen Aromatik und feinporigen Struktur von Sauerteigbroten. Bei dieser ursprünglichen Art, Brote zu backen, werden auf einem Starter aus Mehl und Wasser die Hefen aus der Umgebungsatmosphäre mit den Lactobazillen, die sich auf dem Getreide befinden, zusammengebracht. Für eine langlebige Sauerteigkultur ist biologisch angebautes, unbehandeltes Mehl wichtig. Konventionelles Getreide ist keimresistent gezüchtet, das macht den Ansatz eines gesunden Sauerteigs schwer. Ein kräftiger Sauerteig wiederum ist Basis für aromatisches Brot. Wer keinen Zugriff auf Sauerteig vom Bäcker hat, kann ihn selbst herstellen.

Mit einem Gummiband lässt sich die Höhe des Sauerteigs beim Einfüllen gut markieren.

Hat sich das Volumen verdoppelt, ist der Sauerteig aktiv und einsatzbereit.

SAUERTEIG 50 g Bio-Vollkornmehl mit 50 g Wasser (37 °C) mischen. 24 Stunden bei Raumtemperatur abgedeckt stehen lassen, eventuell die Höhe des Teigs beim Einfüllen mit einem Gummiband markieren (Bild 1). Erneut je 50 g Mehl und Wasser unterrühren und den Sauerteigansatz 24 Stunden ruhen lassen. So lange fortfahren, bis sich das Teigvolumen über Nacht verdoppelt hat, anhand der um das Glas gelegten Gummiband-Markierung ist dies gut erkennbar (Bild 2). Ist der Teig aktiv, je 50 g Wasser und Mehl mit 30 g Starter mischen. Nach etwa 12 Stunden ist der Sauerteigansatz aktiv und kann zum Backen verwendet werden. Der Sauerteig kann im Kühlschrank aufbewahrt werden. Er sollte aber wöchentlich gefüttert werden, damit er nicht übersäuert – dafür 30 g Sauerteig mit je 50 g Mehl und Wasser verrühren und 24 bei Raumtemperatur fermentieren lassen.

Gerstenboza

Anstelle der Gerste kann das Boza auch mit einer anderen Getreidesorte zubereitet werden. Zum Schroten ganzer Gerstenkörner eignet sich z. B. ein großer Mörser.

Gerste findet in der Ernährung hauptsächlich als sogenannte Braugerste beim Brauen von Bier Verwendung. Neben Einkorn gehört Gerste zu den ältesten vom Menschen angebauten Getreidesorten. Aufgrund ihres hohen Stärkegehalts ist Gerste energiereich. Die Stärke muss allerdings zunächst über komplexe Verstoffwechslungsprozesse abgebaut werden. Ein geeignetes Verfahren stellt daher der Abbau durch Hefen und Bakterien dar, wie es bei der Herstellung von Boza angewandt wird.

Für das bierähnliche Getränk Boza, welches besonders im Balkan, der Türkei und Zentralasien hergestellt wird, kommt klassischerweise Hirse zum Einsatz. Wir zeigen hier einmal etwas anders die Herstellung eines Bozas mit Gerste. Das Ergebnis ist ebenfalls ein Getränk mit einem reizvollen Geschmacksprofil.

ZUTATEN FÜR CA. 700 G

350 g geschrotete Bio-Gerste
70 g Zucker
2,5 g frische Bio-Hefe
200 g Bio-Joghurt (nicht wärmebehandelt)

BESONDERES EQUIPMENT

Küchenthermometer
Gärgefäß (ca. 1 l Inhalt; säureunempfindlich)
sauberes Tuch (z. B. Musselintuch, Küchentuch)
Gummiband

DIE FERMENTATION

1. Die Gerste waschen und abtropfen lassen. In einem Topf in 3 l Wasser 12 Stunden einweichen und quellen lassen.

2. Die Gerste im Einweichwasser etwa 2 Stunden köcheln lassen. Auf diesem Weg wird die Stärke vorverdaut, beim Bierbrauen wird dieser Prozess als Maischekochen bezeichnet. Die Gerste in ein feines Sieb abgießen und abtropfen lassen. Mit 1,5 l frischem Wasser 1 weitere Stunde unter regelmäßigem Rühren köcheln, anschließend auf 37 °C abkühlen lassen (Bild 1).

3. In einem Topf 200 ml Wasser mit dem Zucker vermengen und leicht erhitzen, bis sich der Zucker aufgelöst hat. Das Zuckerwasser auf 37 °C abkühlen lassen. Inzwischen die Hefe in 100 ml lauwarmem Wasser auflösen und etwa 10 Minuten stehen lassen, bis sich Bläschen auf der Oberfläche bilden.

4. Den Joghurt mit dem Hefewasser in das Zuckerwasser einrühren. Die Mischung etwa 30 Minuten stehen lassen (aktivieren), dann in den 37 °C warmen Gerstenbrei einrühren (Bild 2). Die Masse in das Gärgefäß geben, mit dem Tuch abdecken und dieses mit dem Gummiband fixieren.

5. Die Gerstenmasse etwa 2 Tage bei Raumtemperatur fermentieren lassen. Hat sich Schimmel auf der Oberfläche gebildet, das Boza unmittelbar entsorgen. Ist es ausgetrocknet, beim nächsten Ansatz das Kochwasser für den Gerstenbrei auf 2 l erhöhen. Das fertig fermentierte Boza kann direkt verzehrt oder weiterverarbeitet werden (Rezept s. S. 146). Luftdicht im Kühlschrank aufbewahrt ist es noch 2 bis 3 Tage haltbar.

TIPP Mit gerösteten Kichererbsen und Zimt kann man das Boza als Getränk traditionell servieren. Mit frischem Obst oder etwas gekochtem Reis vermengt lassen sich spannende Desserts daraus zaubern, dafür gegebenenfalls nachsüßen.

1

Aufpassen, dass der Gerstenbrei beim Köcheln nicht einbrennt.

2

Ist der Brei auf 37 °C abgekühlt, kann die Joghurtmischung hinzugefügt werden.

Feine Bläschen zeigen die Fermentationsaktivität des Gerstenbozas an.

Gerstenboza mit Graupenporridge, karamellisierten Nüssen und Melisse

Für 4 Portionen
Zubereitung: 40 Min.

SÜSSER GERSTENPORRIDGE

100 g Rollgerste

Meersalz

1 Kardamomkapsel

½ Zimtstange

100 g brauner Zucker (z. B. Kokosblütenzucker)

100 g Butter

100 g getrocknete Heidelbeeren

KARAMELLISIERTE NÜSSE

120 g Haselnusskerne

100 g brauner Zucker (z. B. Kokosblütenzucker)

Meersalz

FINISH

200 g Heidelbeeren

4 Zweige Zitronenmelisse

60 g getrocknete Heidelbeeren

400 ml Gerstenboza (s. S. 144)

SÜSSER GERSTENPORRIDGE

Die Gerste mit 400 ml Wasser, 1 Prise Meersalz, der angestoßenen Kardamomkapsel und der Zimtstange in einem Topf bei mittlerer Stufe in etwa 25 Minuten gar, aber noch bissfest kochen. Eventuell überschüssiges Wasser abgießen, die Kardamomkapsel und die Zimtstange entfernen. Den Zucker, die Butter und zum Schluss die getrockneten Heidelbeeren einrühren.

KARAMELLISIERTE NÜSSE

Die Haselnüsse grob hacken und in einer Pfanne bei mittlerer bis hoher Hitze leicht anrösten. Den Zucker und 1 kleine Prise Meersalz hinzufügen und die Nüsse damit unter Rühren karamellisieren. Zum Abkühlen auf ein Backblech geben.

FINISH

Die Heidelbeeren verlesen und waschen. Die Zitronenmelisseblätter waschen und trocken schütteln. Die Blätter abzupfen und mit einem sehr scharfen Messer in dünne Streifen schneiden. Den Porridge mit den Beeren, den Melisseblättern und den karamellisierten Haselnüssen toppen. Das Boza angießen.

Buchweizen-Sauerteig

Mit Buchweizen und einem Pürierstab lässt sich in 24 Stunden ein glutenfreier Pseudo-Sauerteig herstellen, der allerdings nicht wie der herkömmliche Sauerteig weitergeführt werden kann.

Buchweizen zählt trotz seiner Namensverwandtschaft mit Weizen nicht zum Getreide, sondern ist ein sogenanntes Pseudogetreide. Da Buchweizen kein Gluten enthält, ist es schwer, aus reinem Buchweizenmehl Brot zu backen – dafür ist stets die Kombination mit Getreide erforderlich. Besonders das nussige Aroma und die gute Bekömmlichkeit sorgen dafür, dass der Buchweizen derzeit eine Art Hype erfährt. Allerdings war er mancherorts längst eine gängige Zutat, wie z. B. in der japanischen Küche in Form von Sobanudeln, in Russland als Blini (kleine Pfannkuchen) oder als Buchweizengalette (große, dünne Pfannkuchen) in der Bretagne. Auch in Ostfriesland hat Buchweizen eine lange kulinarische Tradition.

Wir stellen in unserem Rezept eine Art Sauerteig aus einem zuvor gekochten Buchweizenbrei her. Dieser lässt sich pur mit etwas Salz gewürzt zu kleinen Blini verarbeiten, kann aber auch mit weiteren Zutaten zu einem ungewöhnlichen, glutenfreien Brot verbacken werden.

ZUTATEN FÜR 800 G TEIG

500 g Bio-Buchweizen

BESONDERES EQUIPMENT

Pürierstab (oder Multizerkleinerer)
hohes Gefäß
sauberes Küchentuch

DIE HEFE-FERMENTATION

1. Den Buchweizen waschen und in 1 l Wasser 5 Stunden einweichen. Den Buchweizen in ein Sieb abgießen, die leicht schleimige Masse jedoch nicht mit Wasser abspülen.

2. Den Buchweizen mit 350 ml Wasser in ein hohes Gefäß geben und mit einem Pürierstab einen Brei herstellen (Bild 1). Alternativ die Masse in einem Multizerkleinerer (ggf. in 2 Portionen) zerkleinern. Ist das Gefäß aus Glas oder transparentem Kunststoff, kann durch ein Gummiband der Teigstand markiert werden. So lässt sich das Teigwachstum gut beobachten.

3. Die Masse luftdurchlässig (sie soll noch atmen können) mit einem Küchentuch abdecken und bei Raumtemperatur 12 bis 24 Stunden fermentieren lassen. Der Teig verdichtet sich, während der Buchweizen weiter quillt. Die Masse sollte spätestens nach 24 Stunden ihr Volumen um etwa ein Drittel vergrößert haben. Während der Fermentation nicht umrühren, sonst verliert die Masse an Volumen. Hat sich Schimmel gebildet, den Teig entsorgen.

4. Den fertigen Teig direkt verarbeiten, sonst fällt er wieder ein, ihn z. B. leicht gesalzen zu Blini verbacken (Rezept s. S. 150). Der Teig eignet sich auch zum Backen eines glutenfreien Buchweizenbrotes (s. unten).

BUCHWEIZENBROT Für ein Brot 7 g Salz und Samen nach Belieben, z. B. 3 EL Leinsamen und 2 EL Kürbiskerne, behutsam in den aufgegangenen Teig rühren. Den Teig weitere 30 bis 60 Minuten gehen lassen, währenddessen den Backofen auf 175 °C vorheizen. Eine Kastenform mit Backpapier auskleiden und den Teig vorsichtig hineingeben. Den Teig glatt streichen, nach Belieben mit Samen bestreuen und im Ofen (Mitte) etwa 1 Stunde 20 Minuten backen. Das fertige Brot vorsichtig aus der Form nehmen und vor dem Verzehr auf einem Kuchengitter auskühlen lassen.

Den gequollenen Buchweizen zu einem glatten Teig verarbeiten.

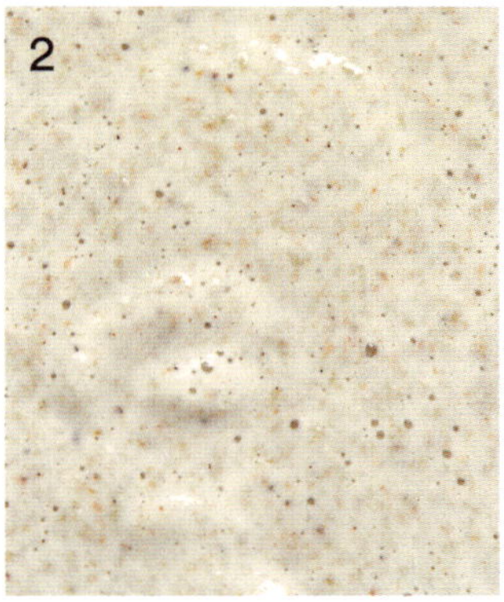

Der fertige Teig ist mit Blasen durchsetzt und hat eine lockere Textur.

Blini aus Buchweizen-Sauerteig mit Crème fraîche und Miso-Saibling

Für 4 Portionen
Zubereitung: 1 Std.
Beizen: 2 Tage

SAIBLING

1 Bund Dill

1 Bio-Zitrone

1 Saiblingsfilet (ca. 400 g)

80 g Erbsenmiso (s. S. 128)

BUCHWEIZEN-BLINI

300 g Buchweizen-Sauerteig (s. S. 148)

Meersalz

4 EL Pflanzenöl zum Braten

FINISH

200 g Crème fraîche

40 g gepuffter Buchweizen

etwas Gartenkresse

SAIBLING

Den Dill waschen, die Blätter abzupfen und kalt stellen. Die Stiele hacken und in eine Form legen, in die das Saiblingsfilet passt. Die Zitrone waschen und halbieren. Eine Hälfte für das Finish luftdicht verpackt im Kühlschrank beiseitelegen. Die andere Hälfte in Scheiben schneiden und auf den Dill legen. Das Saiblingsfilet waschen und trocken tupfen, eventuell verbleibende Häutchen abschneiden und die Stehgräten herausziehen. Das Filet mit der Hautseite nach unten auf das Dill-Zitronen-Bett legen. Die Oberseite mit dem Erbsenmiso bestreichen. Den Fisch mit Frischhaltefolie abdecken, kalt stellen und 2 Tage beizen.

BUCHWEIZEN-BLINI

Den Buchweizen-Sauerteig vorsichtig mit etwas Meersalz verrühren. Eine Pfanne auf mittlerer bis hoher Stufe erhitzen. Etwas Öl hineingeben und nach und nach kleine Blini aus dem Teig backen. Dafür pro Blini je 1 bis 2 EL Teig in die Pfanne geben und auf der Unterseite in etwa 2 Minuten goldbraun backen. Dann den Blini wenden und auf der zweiten Seite fertig backen. Bei Bedarf zwischendurch noch etwas Öl in die Pfanne geben. Die Blini bis zum Servieren gegebenenfalls im Ofen warm halten.

FINISH

Den Saibling in dünnen Scheiben von der Haut schneiden. Die Blini auf vier Tellern anrichten und die Crème fraîche daraufgeben. Saibling, Dillblätter, Kresse und den gepufften Buchweizen dazugeben. Die beiseitegelegte Zitronenhälfte in Spalten schneiden und zum Beträufeln dazu servieren.

Pilze

Fermentiermethoden für Pilze

Pilze bestehen zu rund 90 Prozent aus Wasser und eignen sich fermentiert eher als Würz- und Aromakomponenten.

Das Besondere an Pilzen wird allein durch ihren Klassifizierungsgrad neben den Tieren und Pflanzen deutlich: Sie sind weder dem Tier- noch dem Pflanzenreich zugehörig, sondern stellen eine eigene Gruppierung dar. In vielen Aspekten ähneln sie mehr den Menschen als den Pflanzen. Hierbei wird auch gleichzeitig die Komplexität dieser Organismen deutlich, weshalb ihnen eine ganz spezielle Rolle in der Fermentation zukommt. Zum einen können sie als zu fermentierender Rohstoff gesehen werden, zum andern sind sie selbst in manchen Fermentationstechniken der synthetisierende Hauptakteur.

Von Ende August bis Oktober haben die bei uns heimischen essbaren Pilze Hochsaison, allerdings können sie – je nach äußeren Umständen – über das ganze Jahr hinweg gesammelt werden. Allein im deutschsprachigen Raum gibt es eine Vielzahl an genießbaren Pilzen. Weltweit wird von mehreren Hunderten verschiedenen Speisepilzen ausgegangen, wobei die Zahl der tatsächlich essbaren Pilze vermutlich darüber noch weit hinausgeht. Insgesamt geht man davon aus, dass mehr als 90 Prozent der Pilzarten noch immer unentdeckt sind. Und nur ein Bruchteil der gesamten Pilze werden als Speisepilze verwendet. Neben den hochpreisigen Kostbarkeiten wie Spitzmorcheln oder Trüffeln warten noch viele andere unentdeckte Schätze auf ihre Fressfeinde.

Pilze als Fermentationssubstrat

Speisepilze bestehen zu 90 Prozent aus Wasser. Mit rund 3 Prozent Protein und etwa 0,5 Prozent Kohlenhydraten sind sie ernährungsphysiologisch als kohlenhydratarme Proteinquelle anzusehen. Darüber hinaus sind sie für den Menschen vor allem wegen ihrer Vitaminvielfalt und dem relativ hohen Gehalt an Mineralstoffen ein wertvolles Lebensmittel. Die Aromatik der Pilze wird stark von dem Substrat, auf dem sie wachsen, und dem umgebenden Klima beeinflusst. Aufgrund der starken Aromatik und großen Wassermenge ist es sinnvoll, fermentierte Pilze eher als Würz- und Aromakomponenten einzusetzen. Hierfür ist vor allem eine milchsaure Vergärung bei der einen oder anderen Pilzart spannend. Aufgrund des geringen Anteils sonstiger Bausteine erscheint eine Fermentation, etwa durch Hefe, nur bedingt sinnvoll.

Pilze als Fermentationsakteure

In den Fällen, in denen Pilze als Fermentatoren eingesetzt werden, handelt es sich in der Regel um Schimmelpilzkulturen. Diese produzieren – wie auch alle anderen Pilze – abhängig von ihrem Substrat unterschiedliche Endprodukte. Daher ist die Kombination aus Substrat und Schimmelpilzkultur nicht willkürlich kombinierbar (s. S. 64 f.). Die Fermentationsprozesse von Schimmelpilzen sind derart komplex, dass sie nicht, wie z. B. Milchsäurebakterien, auf sämtliche Lebensmittel losgelassen werden sollten. Denn ein Schimmelpilz, der auf einem Lebensmittel zu tollen aromatischen Veränderungen führt, kann in Kombination mit einem anderen Lebensmittel toxische Substanzen entwickeln. Da auch die Umgebungskriterien, etwa Temperatur oder Luftfeuchtigkeit, für das Wachstum bestimmter Kulturen relevant sind, sollte die Fermentation mit Schimmelpilzen nur mit viel Übung und in einem angemessenen Setting erfolgen. Wir stellen nachfolgend nur Rezepte vor, in denen die Pilze als Fermentationssubstrat dienen.

Die geraspelten Champignons werden vakuumiert, damit die Flüssigkeit nicht verdunstet.

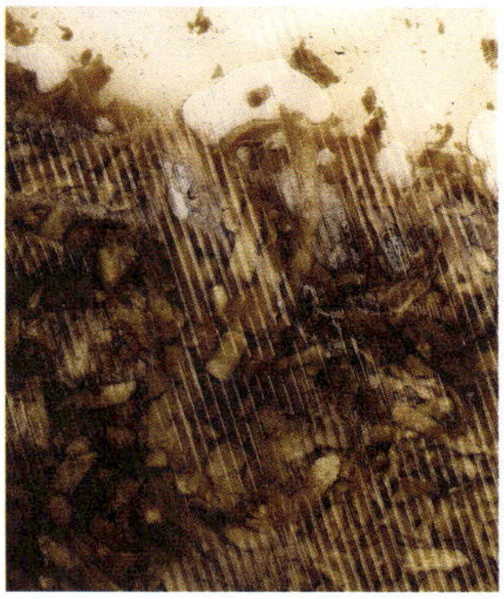

Nach 1 Monat bei 60 °C haben sich die Pilze in eine braune Würzmasse verwandelt.

TIPP Manche Pilze eignen sich ideal für eine enzymatische Umwandlung. Ein einfaches Rezept, bei dem auch sehr gut überschüssige Champignons aufgewertet werden können, ist dieses: Dafür die Champignons einfach fein raspeln, in einen Vakuumierbeutel geben und mit dem Vakuumiergerät luftdicht einschweißen. Die vakuumierten Champignons im Dörrautomaten bei 60 °C 1 bis 2 Monate fermentieren. Dabei entsteht eine wunderbar würzige Pilzpaste, die sich wunderbar als Basis für Pilzsaucen verwenden lässt.

Enzymatisch gebräunte Steinpilze in Bienenwachs

Alternativ zu dem Arbeiten mit Bienenwachs können Pilze auch im Vakuumbeutel fermentiert werden, allerdings bringt das Wachs eine ganz besondere Note in das fertige Fermentationsprodukt.

Abkühlende Sommernächte und lauwarme Herbsttage bieten die idealen Bedingungen, um sich bei einem Waldspaziergang auf die Suche nach Pilzen zu begeben. Vor allem Steinpilze lassen jedes Pilzsammlerherz höher schlagen. Allerdings gehört ein bisschen Erfahrung dazu, wenn man sich selbst auf die Suche machen will – schließlich kann eine Verwechslung bei Pilzen tödlich enden. Wer sichergehen möchte, sollte die wertvollen Geschmacksbomben lieber bei seinem Pilzhändler des Vertrauens kaufen und sich auf dessen Expertise verlassen. Da die Saison begrenzt ist, lohnt es sich, die raren Schätze für den Vorrat haltbar zu machen. Das folgende Rezept ist ein schönes Beispiel für die Konservierung von Pilzen mittels Fermentation.

ZUTATEN FÜR CA. 600 G

1 kg schöne, einwandfreie Steinpilze
ca. 1 kg Bienenwachs (unbehandelt, lebensmittelecht; z. B. vom Imker)

BESONDERES EQUIPMENT

Dörrautomat (oder Wärmeschrank, s. S. 25)
Küchenthermometer
Nadel und Garn

DIE ENZYMATISCHE BRÄUNUNG

1. Dörrautomaten auf 58 °C einstellen. Das Bienenwachs in einen Topf geben und auf 65 °C temperieren. Vorsicht, dass das Wachs nicht zu heiß wird!

2. Die Pilze putzen und mithilfe der Nadeln einzeln auf einen Faden aufziehen. Falls die Pilze zu groß sind, Pilzhüte und -stiele trennen.

3. Pilze nacheinander vorsichtig in das Wachs tauchen. Den Tauchgang so oft wiederholen, bis sich rundherum um den Pilz eine dicke Wachsschicht gebildet hat und keine wachsfreien Stellen mehr zu sehen sind. Dies ist in der Regel nach 7 bis 8 Tauchgängen der Fall, je nach Pilzbeschaffenheit können aber auch mehr Tauchgänge nötig sein (Bild 1).

4. Die Pilze auf ein mit Backpapier ausgelegtes Gitter legen und in den Dörrautomaten geben. Gegebenenfalls eignet sich ein Gefäß mit hohen Kanten, sollte doch etwas Saft aus dem Pilzen austreten. Bei der eingestellten Temperatur sollte das Wachs gerade nicht schmelzen (Bild 2), dennoch läuft die enzymatische Bräunung der Pilze ab. Sollte das Wachs dennoch schmelzen, die Temperatur um 2 bis 3 °C reduzieren. Das Wachs wird im Dörrautomaten zwar weich, sollte aber nicht zerlaufen.

5. Die Pilze 6 bis 8 Wochen im Dörrautomaten bräunen, währenddessen den Dörrautomaten, falls nötig, immer wieder neu einschalten. Zum Testen vorsichtig einen kleinen Pilz herausnehmen, abkühlen lassen und aufschneiden. Ist er einheitlich braun, aber noch leicht saftig, sind die Pilze fertig (Bild 3).

6. Die fertig gebräunten Pilze aus dem Dörrautomaten nehmen und vollständig auskühlen lassen. Dann das Wachs vollständig entfernen, dabei den austretenden Saft unbedingt auffangen.

VERWENDUNG Die Pilze können direkt als Würzmittel verarbeitet werden (Rezept s. S. 158). Luftdicht verpackt und im Kühlschrank aufbewahrt sind sie aber auch 2 bis 3 Wochen haltbar. Optional kann man die Pilze fein pürieren und als Würzpaste für sämtliche Pilzgerichte oder als Saucenbasis für eine Pilzbrühe einsetzen.

1

Nach etwa sieben Tauchgängen ist die Wachsschicht dicht genug, damit die Flüssigkeit nicht verdampft.

2

Durch Gitter oder Plastik, die die Hitze nicht speichern, vermeidet man das Schmelzen der Wachsschicht.

3

Ist der Pilz noch weich, war das Wachs dicht genug, die Pilze sind enzymatisch gebräunt, nicht getrocknet.

Steinpilz-Semmelknödel mit Spitzkohl, Croûtons und Beurre blanc

Für 4 Portionen
Zubereitung: 50 Min.

SEMMELKNÖDEL

- 400 ml Milch
- 2 Eier (M) | Meersalz
- 400 g dunkles Brot (z. B. Bauernbrot; gern altbackenes)
- 60 g enzymatisch gebräunte Steinpilze (s. S. 156)
- 2 Schalotten
- 25 g Butter
- 1 kleines Bund Schnittlauch (gern mit Blüten)
- 2 saubere Küchentücher
- Küchengarn

CROÛTONS

- 100 g dunkles Brot (z. B. Bauernbrot; gern altbackenes)
- 25 g Butter | Meersalz

SPITZKOHL

- 1 Schalotte
- 1 kleiner Spitzkohl
- 50 g Butter
- Meersalz | schwarzer Pfeffer

BEURRE BLANC

- 1 Schalotte
- 200 ml Sud von milchsauer vergorenen rosa Austernpilzen (s. S. 160; alternativ milder Essig oder Wein oder eine Mischung aus beiden)
- 150 g Butter (gewürfelt und gekühlt)
- 125 g Crème fraîche (s. S. 192)
- Meersalz

SEMMELKNÖDEL

Milch, Eier und 1 kräftige Prise Salz verquirlen. Brot etwa 1 cm groß würfeln und in die Eiermilch geben. Pilze fein würfeln und ebenfalls hinzufügen. Schalotten schälen, klein würfeln und in einer kleinen Pfanne in der zerlassenen Butter auf mittlerer Stufe anschwitzen. Schnittlauch waschen und in feine Röllchen schneiden, vorhandene Blüten beiseitelegen. 2 EL Schnittlauchröllchen für die Croûtons beiseitelegen. Übrige Schnittlauchröllchen und Schalottenwürfel zur Eiermilch geben und alles verkneten. Einen großen Topf mit Dämpfeinsatz 2 bis 3 cm hoch mit Wasser füllen, dieses zum Köcheln bringen. Inzwischen die Küchentücher auf der Arbeitsfläche ausbreiten. Je die Hälfte der Knödelmasse als eine etwa 6 cm dicke Wurst auf die untere Kante eines Tuchs legen, stramm einwickeln und die Enden mit Garn zubinden. »Knödelwürste« im Dämpfeinsatz zugedeckt etwa 20 Minuten dämpfen.

CROÛTONS

Brot etwa 1 cm groß würfeln. Butter in einer Pfanne bei mittlerer Hitze zerlassen, Brot anrösten. Mit Salz würzen, auskühlen lassen.

SPITZKOHL

Schalotte schälen, Spitzkohl putzen und waschen. Beides in dünne Streifen schneiden. Die Butter in einer Pfanne bei mittlerer Hitze zerlassen. Die Schalotten und den Spitzkohl etwa 3 Minuten darin anschwitzen. Salzen und pfeffern.

BEURRE BLANC

Schalotte schälen, klein würfeln und mit Austernpilze-Sud in einen kleinen Topf geben. Bei mittlerer Hitze auf die Hälfte reduzieren. Erst Butter nach und nach mit dem Schneebesen einrühren, dann Crème fraîche. Mit Salz würzen. Unter Rühren vorsichtig erhitzen.

Zum Anrichten die Knödel auspacken und in etwa 2 cm dicke Scheiben schneiden, diese nach Belieben in etwa 25 g Butter anbraten. Spitzkohl, Knödel und Beurre blanc auf Tellern anrichten. Die Croûtons mit übrigem Schnittlauch mischen und mit Schnittlauchblüten daraufgeben.

Milchsauer vergorene rosa Austernpilze

Durch das eigene Züchten der Pilze handelt es sich quasi um eine doppelte Organismenkultivierung.

Besonders die anspruchslosen Austernpilze, auch Austernseitlinge genannt, eignen sich ideal zum Wachstum in den eigenen vier Wänden. Wachstumskits für Austernpilze gibt es z. B. in Pflanzenmärkten zu kaufen, so kann man die wachsenden Pilze zu Hause beobachten. Nach etwa 1 bis 2 Wochen und regelmäßiger Benetzung mit Wasser am Morgen und Abend ist die Arbeit getan. Das fertige Ergebnis ist ein fester Pilz, der besonders aromatisch, fast fleischlich schmeckt. Auch aufgrund ihres hohen Proteingehalts sind die Pilze für eine fleischlose Ernährung besonders interessant.

Der rosa Austernpilz mit seiner fast süßlichen, leicht würzigen Note und der eher festeren Struktur macht sich in unserem Rezept besonders gut. Doch natürlich eignen sich auch die handelsüblicheren beigen Austernpilze. Bei gekauften Pilzen unbedingt darauf achten, dass diese knackigfrisch sind!

ZUTATEN FÜR CA. 200 G

300 g rosa Bio-Austernpilze (selbst gezüchtet oder gekauft; ersatzweise andere Austernpilze)
ca. 6 g unjodiertes Meersalz

BESONDERES EQUIPMENT

Vakuumiergerät
Vakuumierbeutel (2 l Inhalt; alternativ säureunempfindliches Gärgefäß mit ca. 1 l Inhalt und Gewicht)
evtl. Dörrautomat (oder Wärmekammer)

DIE LACTO-FERMENTATION

1. Die Pilze gegebenenfalls mit einem Pinsel reinigen (ohne Wasser!) und in kleine Stücke zupfen. Pilze abwiegen, mit 2 % des Pilzgewichts an Salz (6 g Salz auf 300 g Pilze) vermengen, im Vakuumierbeutel einschweißen. Alternativ die Pilze dicht in ein Gärgefäß packen, mit einem Gewicht beschweren und einer 2%igen Lake (10 g Salz auf 500 ml Wasser) auffüllen (Bild 1). Das Gefäß luftdicht verschließen. Druck sollte entweichen können.

2. Pilze bei Raumtemperatur oder im Dörrautomaten bei 30 °C 3 bis 4 Tage milchsauer vergären. Der Beutel kann sich durch die Fermentationsgase leicht aufblasen. Wird er zu prall, aufschneiden. Sind die Pilze noch nicht fertig, den Beutel wieder verschließen und die Pilze weitere 2 bis 3 Tage fermentieren. Die Pilze werden etwas weicher und geben viel Flüssigkeit ab (Bild 2).

3. Wird in einem Gefäß fermentiert, dieses entweder im Dörrautomaten oder bei Raumtemperatur lagern. Die Pilze benötigen dann etwa 3 bis 4 Tage länger als im Vakuumbeutel und die Gefahr ist größer, dass sich (z. B. beim Probieren zwischendurch) Fremdorganismen vermehren. Sollte sich Schimmel bilden, die Pilze unmittelbar entsorgen.

4. Die fertigen Pilze können direkt verkocht werden (s. S. 162), halten sich aber bis zu einem halben Jahr luftdicht verpackt im Kühlschrank. Sowohl roh in einem Salat oder als Zutat im Risotto sind sie eine spannende Ergänzung. Obwohl sie angebraten wertvolle Nährstoffe verlieren, ist die Kombination aus Säure und Röstaromen sehr spannend. So können sie ideal fleischartige Akzente setzen.

TIPP Den Pilzsud aufbewahren und weiterverwenden (z. B. für die Beurre blanc der Steinpilz-Semmelknödel, s. S. 158). Luftdicht verpackt ist er im Kühlschrank ein halbes Jahr haltbar, lässt sich aber auch einfrieren und bei Bedarf auftauen. Gewürze geben den Pilzen noch spannendere Aromen.

1

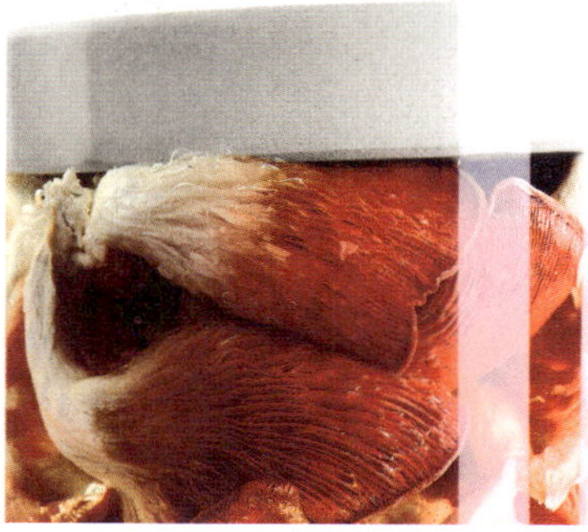

Dicht gepackte Pilze mit einem Gewicht beschweren und reichlich Lake auffüllen.

2

Die Pilze geben ihre Farbe an die trübe Lake ab und verlieren etwas an Tugor.

Milchsaure Austernpilze mit French Toast, Frischkäse und gebeiztem Eigelb

Für 4 Portionen
Zubereitung: 40 Min.
Beizen: 12 Tage
Ruhen / Abtropfen: ca. 14 Std.

GEBEIZTES EIGELB

300 g feines Meersalz

200 g Zucker

4 sehr frische Eigelb (M; Eiweiße einfrieren und für den French Toast verwenden)

FRISCHKÄSE

1 l Milch (mind. 3,5 % Fett, gern Vorzugsmilch)

50 ml Sud von milchsauer vergorenen rosa Austernpilzen (s. S. 160)

Saft von 1 Zitrone

FRENCH TOAST

200 ml Molke vom Frischkäse (alternativ Vollmilch)

4 Eiweiß (M)

4 Scheiben helles Brot (z. B. Weißbrot, gern altbackenes)

40 g Butter

FINISH

400 g milchsauer vergorene rosa Austernpilze (s. S. 160)

8 Zweige Zitronenthymian

Meersalz

2 EL Nussöl (z. B. Haselnussöl)

AUSSERDEM

Dörrautomat

Musselintuch

Küchengarn

GEBEIZTES EIGELB

Salz mit Zucker mischen. Zwei Drittel davon in ein kleines Gefäß geben und vier Mulden hineindrücken. Eigelbe in die Mulden gleiten lassen und vorsichtig mit der übrigen Salz-Zucker-Mischung bedecken. Das Gefäß verschließen und etwa 12 Tage im Kühlschrank lagern (max. 30 Tage aufbewahren). Die Eigelbe herausnehmen und im Dörrautomaten bei 50 °C etwa 10 Stunden trocknen.

FRISCHKÄSE

Milch unter Rühren bis unter den Siedepunkt erhitzen. So viel Austernpilze-Sud und Zitronensaft unter Rühren dazugeben, bis die Milch ausflockt, nur noch vorsichtig weiterrühren. Etwa 30 Minuten stehen lassen, bis die Milch dickgelegt ist. Musselintuch in ein Sieb legen, dieses über eine Schüssel (mind. 1 l Fassungsvermögen) hängen. Dickgelegte Milch hineingeben, abgedeckt 1 Stunde stehen lassen. Das Tuch über der Milch zusammenfassen, sodass die übrige Molke austritt. Zum Auffangen der Molke das Tuch im Kühlschrank über die Schüssel hängen (dafür z. B. das Tuch an einen Kochlöffel knoten, der über der Schüssel liegt). Noch etwa 12 Stunden abtropfen lassen, je nach gewünschter Konsistenz.

FRENCH TOAST

Molke und Eiweiße verquirlen. Mischung in ein flaches Gefäß geben, Brotscheiben hineinlegen, damit diese sich vollsaugen. Eine Pfanne auf mittelhoher Stufe erhitzen, die Butter hineingeben und Brotscheiben auf beiden Seiten je 2 Minuten goldbraun braten.

FINISH

French-Toast-Scheiben auf Teller verteilen. 300 g Frischkäse darauf verteilen (restlicher Frischkäse hält sich im Kühlschrank etwa 1 Woche). Pilze daraufgeben. Eigelbe mit einer feinen Reibe darüberreiben. Thymian waschen, Blätter abzupfen und über die Brote streuen. Mit 1 Prise Meersalz und dem Nussöl toppen.

Wildpflanzen

Fermentiermethoden für Wildpflanzen

Saisonal kostbare Schätze, etwa Esskastanien, Beeren und eine große Bandbreite an Kräutern und Wildpflanzen, lassen sich vielfältig durch Fermentation konservieren und veredeln.

Neben den zuvor beschriebenen Pilzen lassen sich noch viele weitere essbare Kostbarkeiten in unserer Umgebung finden, etwa spannende Pflanzen, Kräuter oder Beeren. Dem im angelsächsischen Sprachraum mit »Foraging« bezeichneten Sammeln von Wildpflanzen und anderen Kostbarkeiten kommt vor allem in der Spitzengastronomie, die ständig auf der Suche nach spannenden neuen Aromen ist, eine besondere Bedeutung zu. Zum einen kann darüber eine regionale, einzigartige Aromatik präsentiert werden, zum anderen wird durch Foraging das Zutatenspektrum um die gängigen Handelsprodukte um ein Vielfaches erweitert. Leider gibt es nur noch wenige sogenannte Forager – viele Restaurants suchen händeringend nach Menschen, die bei Wind und Wetter durch die Natur streifen und Ausschau nach speziellen Pilzen, Knospen, Wurzeln und vielem mehr halten.

Das Sammeln von Wildpflanzen

Der Laie wird an die ganz speziellen Schätze vermutlich nicht herankommen, schließlich erfordert es viel Erfahrung und Übung, das Gesuchte zu der jeweiligen Jahreszeit zu finden. Dennoch gibt es einige Produkte, die ein waches Auge auch ohne großen Erfahrungsschatz finden kann. Ausgestattet mit einem Bestimmungsbuch, einer Schere oder einem Messer, eventuell einem Wurzelstecher und Handschuhen sowie einem Transportgefäß – etwa ein luftiges Körbchen oder Papiertüten mit breiten Böden – kann man sich oft schon in der unmittelbaren Umgebung auf die Suche begeben. Allerdings sollten die Orte (Wälder, Felder oder Wiesen) mit reichlich Abstand zu viel befahrenen Straßen oder Industrieanlagen liegen. Geerntet werden sollte nie mehr als etwa ein Körbchen voll, gänzliches Abernten ist sowohl für die nächstjährige Ernte, vor allem aber für Flora und Fauna schädlich. Vorsicht vor Naturschutzgebieten oder geschützten Pflanzen: Wer hier(von) erntet, kann sich strafbar machen. Nur wer sich sicher ist in der Bestimmung eines Krauts, bestimmter Blüten oder Beeren, sollte diese einsammeln. Fühlt man sich allein mit einem Bestimmungsbuch nicht wohl, bieten sich Kurse an, in denen Experten das Basiswissen an Wildpflanzenkunde und Foraging vermitteln.

Die Schätze der Natur konservieren

Da vor allem bei saisonal gesammelten Produkten die Verfügbarkeit natürlich begrenzt ist, erscheint es nur sinnvoll, diese Kostbarkeiten zu konservieren. Neben dem Trocknen, Einlegen oder Salzen eignet sich in einigen Fällen auch die Fermentation. Bei manchen Produkten ist sie sogar essenziell, z. B. ist eine Fermentation für die Herstellung von Bärlauch- oder Holunderbeerenkapern (s. Rezept rechts) zur Entfernung von Bitterstoffen – wie auch bei den echten Kapern oder Oliven – notwendig.

Die Zusammensetzung der gesammelten Produkte von einer Esskastanie mit viel Stärke und Zucker bis hin zu Bärlauchblättern, die hauptsächlich aus Wasser und einer vernachlässigbaren Menge an Kohlenhydraten, Proteinen und Fetten bestehen, ist sehr unterschiedlich. Daher kann eine einheitliche Fermentationstechnik schwer aufgeführt werden. In diesem Kapitel werden daher sehr unterschiedliche Wildprodukte in verschiedenen Rezepten fermentiert, um einen möglichen Einsatz vorzustellen und nur einen kleinen Einblick in die vielfältigen Kombinationsmöglichkeiten zu geben.

Fermentierte grüne Holunderbeeren sind eine florale, lokale Alternative für Kapern.

Später in der Saison kann man die dunkelvioletten Beeren zu Fruchtwein verarbeiten.

HOLUNDERBEERENKAPERN Unreife Holunderbeeren ernten, gründlich waschen und entstielen. Auf 500 g Beeren eine Salzlake aus 100 g Salz und 550 ml Wasser geben. Die Beeren mit einem Tuch bedeckt 2 bis 3 Tage bei Raumtemperatur fermentieren, bis die Farbe dunkelgrün ist. Die Beeren abtropfen lassen und in ein Twist-off-Glas geben. 500 ml Weißweinessig mit 150 g Zucker aufkochen und darübergießen. Verschließen und mindestens 3 Tage durchziehen lassen. Im Kühlschrank sind die Holunderbeerenkapern etwa 1 Jahr haltbar.

Waldmeister-Kombucha

Der Waldmeister in diesem Rezept kann sehr gut durch andere Wildkräuter, zum Beispiel durch Mädesüß, Strahlenlose Kamille, Holunder oder Lindenblüten, ersetzt werden.

An Waldmeister können wir uns vor allem im Frühling erfreuen. Dann durchströmt sein Duft die Wälder und besonders bei Gastronomen ist das cumarinhaltige Kraut beliebt. Allerdings ist die Verwendung des Waldmeisters nicht ganz unbedenklich, denn das in ihm enthaltene Cumarin kann in höherer Konzentration zu Kopfschmerzen und Übelkeit führen und sollte deshalb nur in geringen Mengen konsumiert werden.

Da der Cumaringehalt vor allem während der Blüte deutlich ansteigt, sollte der Waldmeister auch direkt vor der Blüte geerntet werden. Erst das leichte Welken des gepflückten Waldmeisters – nicht nur in unserem Kombucharezept, sondern generell in Rezepten mit Waldmeister – sorgt dafür, dass sich der Aromastoff Cumarin ausbildet, und verstärkt daher die aromatische Wirkung.

ZUTATEN FÜR CA. 2 L

250 g frischer Waldmeister (oder 80 g getrockneter)
200 g Zucker
200 ml Kombucha-Starterflüssigkeit (mit Scoby)

BESONDERES EQUIPMENT

evtl. Dörrautomat
Gärgefäß (ca. 3 l Inhalt, säureunempfindlich und nicht aus Metall, z. B. Glas)
sauberes Tuch (z. B. Musselintuch, Küchentuch)
Gummiband | Kunststoff-, Porzellan- oder Holzlöffel

DIE FERMENTATION

1. Den Waldmeister nach der Ernte waschen, trocken tupfen und anschließend 12 Stunden (im Dörrautomaten oder hängend) leicht anwelken lassen, damit sich das Cumarin ausbilden kann.

2. Zucker mit 2,2 l Wasser in einem Topf aufkochen. Vom Herd nehmen, den Waldmeister hineingeben und den Deckel auflegen (Bild 1). Abgekühlt für 12 Stunden im Kühlschrank ziehen lassen.

3. Den Waldmeisterauszug durch ein Sieb in eine Schüssel gießen, den Waldmeister entsorgen. Die aufgefangene Flüssigkeit und die Starterflüssigkeit mit Scoby in das Gärgefäß geben (s. Tipp). Mit dem Tuch abdecken und dieses mit dem Gummiband fixieren. Den Ansatz etwa 1 Woche bei Raumtemperatur fermentieren lassen. Je nach gewünschtem Restzuckergehalt den Kombucha zwischendurch probieren – zum Verkosten keinen Metalllöffel verwenden, sondern immer nur Kunststoff-, Porzellan- oder Holzlöffel (s. S. 42).

4. Hat der Kombucha das gewünschte Restsüße-Säure-Verhältnis erreicht, kann er geerntet werden. Hat sich Schimmel gebildet, den gesamten Ansatz inklusive Scoby entsorgen. Aus dem fertigen Kombucha den Scoby mit etwa 200 ml Flüssigkeit entnehmen, die übrige Flüssigkeit durch ein sauberes Tuch gießen (Bild 2). Den Scoby mit der Flüssigkeit wieder in ein Nährmedium aus gesüßtem, abgekühltem (!) schwarzen Tee geben, damit er sich von seinem Ausflug erholen kann. Bildet sich wieder eine neue Mutter, hat er die Fermentation gut überstanden.

TIPP Beim Experimentieren mit ungewöhnlichen Ansätzen (ohne Tee) sollte immer etwas Kombuchaflüssigkeit und ein Scoby in einem »Scoby-Hotel« sicher aufbewahrt werden – so hat man stets Ersatz zur Hand, falls der Kombucha durch Fremdorganismen oder mögliche toxische Stoffe o. Ä. geschwächt wird.

Der Ansatz lässt sich durch die zugegebene Waldmeistermenge variieren.

Scoby mit neuer Starterflüssigkeit vor dem Filtern entnehmen und erneut ansetzen.

Granité aus Waldmeister-Kombucha mit weißer Schokoladen-IPA-Mousse

Für 4 Portionen
Zubereitung: 25 Min.
Gefrieren / Kühlen: 4 Std.

GRANITÉ

400 ml Waldmeister-Kombucha (s. S. 168)

80 g Zucker

WEISSE SCHOKOLADEN-IPA-MOUSSE

300 g Sahne

200 g weiße Kuvertüre

100 ml India Pale Ale (oder anderes helles Bier mit starker Hopfennote)

WEISSE SCHOKOLADEN-SCHOLLEN

100 g weiße Kuvertüre

1 TL getrocknete Waldmeisterblätter (s. Tipp)

AUSSERDEM

flaches, gefrierbeständiges Gefäß

Küchenthermometer

Schokoladenfolie (oder Backpapier)

GRANITÉ

Kombucha und Zucker verrühren. Die Mischung in ein flaches gefrierbeständiges Gefäß geben und im Tiefkühlfach in etwa 4 Stunden gefrieren lassen.

WEISSE SCHOKOLADEN-IPA-MOUSSE

Sahne steif schlagen und kalt stellen. Kuvertüre hacken und in einer Metallschüssel über dem warmen Wasserbad unter Rühren langsam schmelzen. Schüssel vom Wasserbad nehmen, das India Pale Ale einrühren und sofort die Sahne mit einem Spatel unterziehen. Mindestens 4 Stunden kalt stellen.

WEISSE SCHOKOLADENSCHOLLEN

Die Kuvertüre hacken und 1 EL davon beiseitestellen. Übrige Kuvertüre in einer Metallschüssel über dem Wasserbad unter Rühren schmelzen, bis die Kuvertüre 45 °C erreicht hat. Schüssel vom Wasserbad nehmen. Die beiseitegestellte Kuvertüre hinzufügen und rühren, bis die Mischung 39 °C erreicht hat. Die Kuvertüre mit einem Esslöffel als vier Portionen auf einen Bogen Schokoladenfolie oder Backpapier geben, jede Portion mit einer Winkelpalette oder Teigkarte zu einer »Scholle« verstreichen. Solange die Oberfläche noch feucht ist, die getrockneten Waldmeisterblätter darüberstreuen. An einem kühlen und trockenen Ort fest werden lassen.

FINISH

Aus der Mousse mit einem Esslöffel Nocken formen und diese auf vier Teller verteilen. Das Granité aus dem Tiefkühlfach nehmen, mithilfe einer Gabel als eine Art Granulat aus dem Gefäß kratzen und zur Mousse geben. Je eine Schokoladenscholle daraufgeben.

TIPP Waldmeisterblätter bei maximal 40 °C (Dörrautomat oder Ofen mit leicht offener Tür) in etwa 3 Stunden trocknen.

Duftgeranien-Met

Die Pelargonien im Rezept lassen sich z. B. durch Mädesüß- oder Holunderblüten (ohne das Grün!) austauschen. Auch mit der Variation des Honigs lässt sich eine vielfältige Aromatik erzielen.

Die Vielfalt der Duftgeranien (fachlich »Duftpelargonien«) spannt sich über diverse Farben, Formen und Aromen. Von Rosen- über Zitrus-, Apfel-, Weihrauch- und Pfefferminzaromen können diese Pflanzen in der Küche gängige Würzmittel spannend ergänzen. Hier lohnt sich das Experimentieren, sollte ein Pelargonienhändler des Vertrauens in der Nähe sein – der biologische Anbau ohne den Einsatz von Pestiziden und Fungiziden ist Grundvoraussetzung für die Verwendung von Pelargonien in der Küche. Die ätherischen Öle können vielfältig als aromatisierende Komponente eingesetzt werden.

ZUTATEN FÜR CA. 2,5 L

1 Fläschchen Portweinhefe für 50 l
1,3 l naturtrüber Bio-Apfelsaft
30 g Zucker (plus ggf. Zucker zum Nachzuckern)
1,6 g Hefenährsalz | 1 säuerlicher Apfel (z. B. Boskop)
600 g Honig (nicht wärmebehandelt)
1 l Mineralwasser (still) | 2,25 g Antigel
7,5 g Zitronensäure | 9,4 g Milchsäure | 0,3 g Tannine
200 g ungespritzte Duftpelargonienblätter (z. B. Lady Plymouth)
0,3 g Kaliumpyrosulfit

BESONDERES EQUIPMENT

Flasche (1 l Inhalt) mit passendem Gärspund | Reibe
Gärgefäß mit Spund (ca. 4 l Inhalt; säureunempfindlich)
Vinometer (s. S. 25 Messgeräte)
Filter | Flaschen zum Abfüllen

DIE ALKOHOLISCHE FERMENTATION

1. Für den Gärstarter Portweinhefe, 300 ml Apfelsaft, Zucker und 0,4 g Hefenährsalz in die Flasche füllen. Mit dem Gärspund verschließen. Bei Raumtemperatur lagern und beobachten, ob der Gärspund durch Blubbern Hefeaktivität anzeigt. Ist der Starter aktiv (nach 1 bis 2 Tagen), noch 1 bis 2 Tage stehen lassen.

2. Apfel waschen, entkernen und mit Schale fein reiben. Mit Honig, restlichem Apfelsaft (1 l), Mineralwasser, Antigel, Zitronen- und Milchsäure, restlichem Hefenährsalz (1,2 g), Tanninen und Gärstarter in das Gärgefäß geben, mit dem befüllten Gärspund verschließen. Kommt die Gärung nach 4 Tagen nicht in Gang, 250 g Zucker dazugeben. Blubbert der Gärspund nach 1 Woche nicht, muss von vorn begonnen werden.

3. Ansatz 2 bis 3 Wochen fermentieren lassen. Das Gefäß in dieser Zeit gelegentlich leicht schwenken, damit die Hefen gleichmäßig an den Honig kommen (Bild 1). Dabei Achtung: Es besteht große Gefahr des Überschäumens! Ist der gesamte Honig vergoren, sammelt sich die Hefe am Boden des Gefäßes (Bild 2), die Göraktivität nimmt ab. Den Alkoholgehalt messen, er sollte bei 11 bis 16 Vol-% liegen. Für einen höheren Alkoholgehalt, vorsichtig mit Zucker nachsüßen und die Hefe aktiv halten. Ist der Met fertig, durch Zugabe von Zucker die gewünschte Restsüße einstellen. Pelargonienblätter gründlich waschen, leicht zerkleinern (evtl. mörsern) und mit Kaliumpyrosulfit in den Met geben. 5 Tage kühl (ggf. im Keller) lagern (Bild 3). Met von der Hefe abziehen: Behutsam durch einen Filter gießen, dabei den letzten Schluck mit dem Heferückstand entsorgen.

4. Nach Belieben zur Selbstklärung weiter kühl lagern. Alternativ direkt filtern und in Flaschen füllen. So ist der Met etwa 4 Monate haltbar. Durch Zugabe von weiteren 0,3 g Kaliumpyrosulfit ist er jahrelang haltbar und kann ausgebaut werden.

1

Der Honig befindet sich im jungen Ansatz am Boden ...

2

... und wird im Fermentationsverlauf sichtlich weniger, dafür setzt sich dann Hefe ab.

3

Der Zusatz von Duftpelargonienblättern aromatisiert den Met zum Ende der Gärung.

Duftgeranien-Met-Sorbet mit Wodka und Himbeeren

Für 8 Portionen
Zubereitung: 15 Min.
Gefrieren: 1 Std.

SORBET

- 200 ml Duftgeranien-Met (s. S. 172)
- 100 g Puderzucker
- 300 g Himbeeren (tiefgefroren)

FINISH

- 32 cl Wodka
- ungespritzte Duftgeranienblätter
- 640 ml Duftgeranien-Met (s. S. 172)
- frische Himbeeren (nach Belieben zum Garnieren)
- ungespritzte Duftgeranienblüten oder -blätter (nach Belieben zum Garnieren)

AUSSERDEM

- 8 kleine gefrierbeständige Formen (à ca. 100 ml)

SORBET
Den Met mit dem Puderzucker und den Himbeeren im Mixer zügig fein zerkleinern. Die Sorbetmasse in Formen geben und mindestens 1 Stunde im Tiefkühlfach gefrieren lassen.

FINISH
Die Duftgeranienblätter vorsichtig kalt abbrausen und trocken tupfen. Die Sorbets aus den Formen lösen und auf acht Gläser verteilen (s. Tipp). Den Wodka darübergießen. Mit den Blättern garnieren. Den Met zum Schluss angießen. Wer mag, garniert den Drink mit frischen Himbeeren oder pflückt Blüten oder junge Blätter von unbehandelten Duftgeranien als Garnitur.

VARIANTE Die Aromen vieler Beeren harmonieren mit den feinen, herben Noten des Mets. Egal ob Erdbeeren, Heidelbeeren oder Johannisbeeren: Das Ausprobieren verschiedener Sorten wird mit stets spannenden Aromen-Kombinationen belohnt.

TIPP Die Zutaten für das Sorbet lassen sich nur gut pürieren, wenn die Menge nicht zu klein ist. Ausnahmsweise ergibt das Rezept deshalb acht Portionen. Die Menge der Finish-Zutaten lässt sich problemlos halbieren, die dann übrigen vier Sorbets können im Gefrierfach aufbewahrt werden. Dort bleiben sie noch 1 bis 2 Monate aromatisch. Oder: Eine zweite Portion als Digestif trinken.

Esskastanienmiso

Ein lichtundurchlässiges Gärgefäß sorgt für einen idealen Fermentationsverlauf, aber auch die Lagerung im dunklen Raum erfüllt diesen Zweck.

In einer zunächst grünen, später braunen feinstacheligen Hülle verstecken sich die nussig-aromatischen Esskastanien. Maronen sind die weiterentwickelte Form der Esskastanie und daher in der Regel noch eine Spur süßer als die Wildfrucht. Ab Ende September kann man sich in milden Gegenden, etwa in Weinbauregionen wie der Pfalz, auf die Suche nach den reifen, braunen Früchten von Kastanienbäumen begeben. Die kohlenhydratreiche Frucht hat einen besonders hohen Gehalt an Stärke und Zucker und sollte daher mithilfe komplexer Fermentationsorganismen verarbeitet werden. Esskastanienmiso hat eine milde Süße und ergänzt in der Fermentation das nussige Kojiaroma.

ZUTATEN FÜR CA. 3 KG

500 g getrocknetes Gersten-Koji
500 ml Mineralwasser (stilles Wasser)
2 kg Esskastanien (Bioware oder selbst gesammelt)
100 g unjodiertes Meersalz

BESONDERES EQUIPMENT

Alkohol zur Desinfektion (80%ig)
Einweghandschuhe | Küchenthermometer
Fleischwolf mit 2- bis 3-mm-Scheibe (oder Reibe)
Gärgefäß (ca. 4 l Inhalt; säureunempfindlich, z. B. Gärtopf aus Steingut)
Frischhaltefolie | Gummiband
Teller und Steine (oder Kunststoffbeutel mit Wasser)
evtl. Dörrautomat (oder Wärmekammer, s. S. 25)

DIE FERMENTATION

1. Die Herstellung von Miso erfordert höchste Sauberkeit. Daher alle Gefäße mit Alkohol reinigen und mit Handschuhen arbeiten. Koji und Mineralwasser in einem Gefäß vermengen und abgedeckt 12 Stunden bei Raumtemperatur ziehen lassen, dabei gelegentlich mit einem sauberen Löffel umrühren, sodass das Koji einheitlich befeuchtet ist.

2. Kastanien in reichlich Wasser 1 Stunde einweichen. Abgießen und mit einem Messer längs einschneiden. Backofen auf 160 °C vorheizen. Kastanien über einem Wasserbad 10 Minuten dämpfen, alternativ in einem großen Topf mit etwa 3 cm hoch Wasser zugedeckt dünsten. Dann die Kastanien auf einem Backblech im Ofen (Mitte) 20 Minuten garen. Aus dem Ofen nehmen, mit einem feuchten Küchentuch bedeckt auskühlen lassen und schälen.

3. Kastanien abwiegen, dann 7 % des Gewichts an Salz abwiegen (126 g Salz auf 1,8 kg Kastanien). Salz und Koji unter die Kastanien mengen. Masse durch den desinfizierten Fleischwolf geben oder mit der Reibe zerkleinern (Bild 1). Miso sehr eng und ohne jegliche Lufteinschlüsse in das gut gereinigte, desinfizierte Gärgefäß packen. Eine dünne, gerade sichtbare Schicht Salz daraufstreuen. Mit Frischhaltefolie abdecken, mit Teller und Steinen beschweren. Alternativ mit einem mit Wasser gefüllten Kunststoffbeutel beschweren und bestmöglich luftdicht abschließen. Gefäß verschließen, bei Verwendung eines Gärtopfs die Wasserrinne füllen. Das Miso an einem warmen Ort (ideal 35 °C) mindestens 4 Monate fermentieren (Bilder 2 und 3). Dabei darauf achten, dass die Wasserrinne stets gefüllt ist.

4. Salzschicht abnehmen. Bei Schimmelbildung das Miso entsorgen (beim nächsten Ansatz besser vom Sauerstoff abschließen, evtl. die Oberfläche mehr salzen oder die Temperatur erhöhen, z. B. im Dörrautomaten lagern). Das Miso ist luftdicht verpackt im Kühlschrank fast unbegrenzt haltbar, längeres Reifen intensiviert den Geschmack.

Optional können die Kastanien auch mit einer Reibe zerkleinert werden.

Kommt das eingeweichte Koji im Ganzen zu den Kastanien, 5 Monate fermentieren.

Zum Abbau des ganzen Korns muss mindestens ein Jahr fermentiert werden.

Miso-Hirsch mit Sellerie

Für 4 Portionen
Zubereitung: 1,5 Std.
Reifen: 2 Tage

HIRSCH UND SELLERIE

600 g Hirschrücken
160 g Esskastanienmiso (s. S. 176)
200 g Esskastanien
1 Dose Kichererbsen (240 g Abtropfgewicht)
80 g Kichererbsenmehl
60 ml Hasel- oder Walnussöl
Meersalz
500 g Staudensellerie
6 Stängel Liebstöckel
2 Pimentkörner
4 Wacholderbeeren
6 schwarze Pfefferkörner
½ TL Sumach
2 TL Schwarzkümmel
200 ml Portwein
1 Blatt Filoteig (Frischteig aus der Kühltheke, ca. 35 × 40 cm)
80 g zerlassene Butter
1 Knoblauchzehe
1 EL Olivenöl

SAUCE

200 g Butter
20 g Esskastanienmiso (s. S. 176)
Salz
Sumach

AUSSERDEM

Fleischthermometer

1. Hirsch von Sehnen befreien und rundherum mit 100 g Miso einreiben. Abgedeckt im Kühlschrank etwa 2 Tage reifen lassen.

2. Backofen auf 180 °C Umluft vorheizen. Kastanien kreuzweise einschneiden, auf einem Backblech im Ofen (Mitte) etwa 30 Minuten rösten, bis die Schale aufplatzt. Etwas abkühlen lassen, schälen. Kichererbsen abgießen, Sud auffangen. Kichererbsen, 60 ml Sud, Kichererbsenmehl, restliches Miso (60 g), 30 g Kastanien und Nussöl im Mixer zerkleinern. Mit etwas Salz abschmecken. 100 g Kastanien hacken. 100 g Sellerie putzen, waschen, fein würfeln. 2 Stängel Liebstöckel waschen, hacken. Alles mit der Kichererbsenpaste verrühren.

3. Backofen auf 175 °C Umluft vorheizen, ein Backblech mit Backpapier auslegen. Gewürze mit etwas Salz im Mörser zerstoßen. Miso vom Hirsch abstreifen und mit 1 Prise der Gewürze bestreuen. Pfanne auf mittlerer bis hoher Stufe erhitzen. Fleisch rundherum kurz scharf anbraten, herausnehmen. Pfanne vom Herd nehmen, Portwein hineingießen und beiseitestellen.

4. Teig ausbreiten. Kichererbsenmasse auf der unteren Hälfte in Länge des Fleischs verstreichen, Hirsch darauflegen. Übrigen Teig mit etwas Butter bepinseln, mit einem Großteil der Gewürze bestreuen. Seiten einklappen, mit Butter bepinseln. Einwickeln, auf das Blech legen, mit Butter bepinseln, mit Gewürzen bestreuen. Im Ofen (Mitte) etwa 20 Minuten backen (54 °C Kerntemperatur).

5. Restlichen Sellerie (400 g) putzen, waschen, in Stäbchen schneiden. Knoblauch schälen, grob hacken, mit Sellerie, Olivenöl und etwas Salz mischen. In einer kleinen ofenfesten Form im Ofen (Mitte) etwa 15 Minuten mitgaren. Währenddessen für die Sauce Butter mit Miso verkneten, in Flöckchen kalt stellen. Wein aus der Pfanne durch ein Sieb in einen kleinen Topf gießen, auf mittlerer Stufe zum Simmern bringen. Miso-Butter mit dem Schneebesen einrühren, sodass eine Sauce entsteht (nicht kochen!). Mit Salz und Sumach abschmecken. Fleisch und Sellerie aus dem Ofen nehmen. Restlichen Liebstöckel waschen, Blätter abzupfen. Sellerie auf Teller verteilen. Hirsch portionieren und daraufsetzen. Sauce und Liebstöckel hinzufügen.

Hagebutten-Kombucha

Zur Herstellung von Kombucha können je nach Saison auch andere Wildbeeren, etwa Walderdbeeren, Schwarzdorn, Heidelbeeren, verschiedenfarbige Johannisbeeren oder Schlehen, spannende Ergebnisse bringen.

Hagebutten, die rot glühenden Früchte der Heckenrose (auch Apfelrose oder Wildrose genannt), erinnern die meisten wahrscheinlich an böses Juckpulver aus Kindheitstagen, als das die Samen gern mal aus Spaß hergenommen werden. Allerdings haben diese Früchte weitaus mehr zu bieten, z. B. stärken sie durch ihren hohen Vitamin-C-Gehalt ganz besonders das Immunsystem. Von den leicht stacheligen Rosen lassen sich also nicht nur die duftenden Blütenblätter wunderbar verarbeiten, sondern auch die Früchte mit ihrem tollen frisch-fruchtigen Aroma. Die ideale Erntezeit ist im Oktober. Bei der Verarbeitung sollte man zum Schutz vor Juckreiz Einweghandschuhe tragen. Außerdem erfordern die Früchte etwas Arbeitsaufwand. Das Entfernen der Kerne kann nach Belieben erfolgen, Trocknen oder Kochen ist für den Verzehr jedoch essenziell.

ZUTATEN FÜR CA. 2,3 L

400 g Hagebutten (benötigt werden 200 g Püree)
300 g Zucker
200 ml Kombucha-Starterflüssigkeit (mit Scoby)

BESONDERES EQUIPMENT

Einweghandschuhe
Mörser | feines Sieb
Gärgefäß (ca. 4 l Inhalt; säureunempfindlich)
2 saubere Tücher (z. B. Musselintuch, Küchentuch)
Gummiband | Kunststoff-, Porzellan- oder Holzlöffel
dickwandige Glasflaschen zur Karbonisierung

DIE FERMENTATION

1. Bei der Verarbeitung der Hagebutten Einweghandschuhe tragen. Die Hagebutten waschen, Stiele und Enden entfernen. Geputzte Hagebutten mörsern oder hacken (Bild 1), in einen Topf geben und gerade so mit Wasser bedecken. Zum Kochen bringen und 1 Stunde köcheln. Darauf achten, dass die Hagebutten nicht anbrennen, eventuell etwas Wasser hinzufügen. Masse durch ein feines Sieb oder eine Passiermühle streichen, abkühlen lassen.

2. Den Zucker in 2,2 l lauwarmem Wasser auflösen. 200 g Hagebuttenpüree abwiegen und dazugeben (Bild 2). Kombuchaflüssigkeit und Scoby (etwas Scoby sicher aufbewahren, s. S. 169, Tipp) mit dem handwarmen Ansatz (maximal 30 °C) in das saubere Gärgefäß geben. Mit dem Tuch und dem Gummiband verschließen. Je nach gewünschtem Restsüße-Säure-Verhältnis etwa 8 Tage bei Raumtemperatur oder 4 bis 5 Tage bei 25 bis 30 °C (z. B. Dörrautomat) fermentieren. Regelmäßig probieren, dabei keinen Metalllöffel verwenden, sondern nur Kunststoff-, Porzellan- oder Holzlöffel (s. S. 42).

3. Ist das gewünschte Restsüße-Säure-Verhältnis erreicht, kann geerntet werden. Hat sich Schimmel gebildet, den Ansatz inklusive Scoby entsorgen. Aus dem fertigen Kombucha den Scoby und 200 ml Flüssigkeit entnehmen, die übrige Flüssigkeit durch ein Tuch gießen. Den Scoby mit der Flüssigkeit wieder in ein Nährmedium aus gesüßtem, abgekühltem (!) schwarzen Tee geben, damit er sich von seinem Ausflug erholen kann. Bildet sich wieder eine neue Mutter, hat er die Fermentation gut überstanden.

4. Durch die Zugabe von 1 EL Hagebuttenpüree oder Zucker lässt sich der Kombucha in dicken Glasflaschen mit Bügelverschluss karbonisieren. Aber Vorsicht: Die Lagerung der verschlossenen Flaschen bei Raumtemperatur kann bereits nach 1 Tag zu hohem Druck in der Flasche führen – sie sollte daher zu Beginn im Sommer 2 Tage, im Winter 3 bis 4 Tage nicht überschreiten (Bild 3).

1

Alternativ zum Mörsern kann man die Hagebutten vor dem Kochen auch sehr fein hacken.

2

Nach Belieben kann durch die Zugabe von mehr Püree das Aroma intensiviert werden.

3

An das Karbonisieren sollte man sich langsam herantasten und Erfahrung sammeln.

Hagebutten-Kombucha mit Wildrosensirup

Für 4 Portionen
Zubereitung: 15 Min.
Ziehen: 2 Wochen

WILDROSENSIRUP

10 g ungespritzte Wildrosenblüten

100 g weißer Zucker

FINISH

12 Eiswürfel

800 ml Hagebutten-Kombucha (s. S. 180)

1 sehr frisches Eiweiß (M; als vegane Alternative 2 EL Aquafaba)

4 kandierte Rosenblüten (optional, siehe Tipp)

AUSSERDEM

verschließbares Glas (z. B. Twist-off-Glas; ca. 250 ml Inhalt)

WILDROSENSIRUP

Das verschließbare Glas mit kochendem Wasser ausspülen. Die Rosenblütenblätter abzupfen und in das Glas geben. Den Zucker mit 100 ml Wasser in einem Topf aufkochen. Den Zuckersirup lauwarm abkühlen lassen, dann über die Rosenblütenblätter im Glas gießen. Das Glas verschließen, kühl stellen und die Blüten etwa 2 Wochen durchziehen lassen. Den Sirup durch ein Sieb gießen und 150 ml davon abmessen (übriger Sirup hält sich kühl aufbewahrt weitere 2 Monate).

FINISH

Die Eiswürfel auf vier Gläser verteilen. 50 ml Sirup, 50 ml Kombucha und das Eiweiß zusammen in einen Shaker geben und kräftig schütteln. Den verbliebenen Sirup (100 ml) in die Gläser verteilen und den übrigen Kombucha dazugeben. Mit dem Schaum aus dem Shaker toppen und optional mit 1 kandierten Rosenblüte verzieren.

TIPP Wer mag, kandiert für die Deko 4 Rosenblüten. Dafür die Blätter mit Eiweiß bepinselt, in Zucker wenden und anschließend bei Raumtemperatur oder im Dörrautomaten bei 30 °C in etwa 2 Tagen trocknen lassen.

Molkereiprodukte

Fermentiermethoden für Molkereiprodukte

In Rohmilch steigt der Fettanteil nach einiger Zeit auf – die Milch rahmt auf. Häufig wird dies bei Milch durch Homogenisieren verhindert: Das Fett wird in kleinste Kügelchen zerteilt und verteilt sich dadurch gleichmäßig in der Milch.

Egal ob der Fettgehalt verdichtet oder reduziert wird: Molkereiprodukte wie Sahne, Käse, Crème fraîche oder Joghurt basieren alle auf der Milch von Kühen, Schafen, Ziegen und anderen Säugetieren. Ihr Hauptbestandteil ist Wasser (je nach Tierrasse zwischen 80 und 90 Prozent), gefolgt von Kohlenhydraten (vor allem der Milchzucker Lactose), Milchfett, Eiweiß und Spurenelementen. Während der natürlich Fettgehalt von Kuhmilch bei rund 4,2 Prozent liegt, wird die gängige, im Supermarkt erhältliche Milch auf einen maximalen Fettgehalt von 3,5 Prozent eingestellt.

Die Fermentation von Milchprodukten ist fast ausschließlich bakterieller Natur. Lediglich die Schimmelkäse stellen mit einer Mischfermentation aus Bakterien und Schimmelpilzen eine Ausnahme dar. Eine weitere Ausnahme ist auch der Kefir, welcher zwar vorwiegend, aber nicht ausschließlich Milch bakteriell fermentiert. Vor allem die Milchsäurebakterien haben einen elementaren Einfluss auf die Fermentation von Milchprodukten.

Milchsaure Vergärung

Bekannte Vertreter milchsauer vergorener Molkereiprodukte sind Kefir, Buttermilch, Joghurt, Sauerrahm (saure Sahne), Crème fraîche und Dickmilch. Bei all diesen Produkten verstoffwechseln verschiedene Milchsäurebakterien den Milchzucker im Ausgangsprodukt. Dabei produzieren sie vornehmlich Milchsäure, wodurch der pH-Wert des Lebensmittels sinkt. Das Milcheiweiß (Casein) gerinnt durch die Senkung des pH-Werts und fällt aus. Dadurch wird die Milch oder Sahne dickflüssiger bis hin zu einem stichfesten Produkt.

Der selbst gemachte Joghurt kann beim nächsten Mal als Starterkultur dienen.

Durch längere Lagerung des fertigen Joghurts im Kühlschrank wird er stichfest.

Käseherstellung

Bei der Herstellung von Käse wird zwischen der zuvor beschriebenen Säurefällung und der Labfällung unterschieden. Bei Letzterer wird zur Ausfällung des Molkeneiweißes Lab – ein Enzymgemisch, das aus dem Kälbermagen gewonnen wird – anstelle von Milchsäurebakterien eingesetzt. Unabhängig vom Fällungsverfahren wird die Milch noch weiter erhitzt, um den sogenannten Käsebruch zu verdichten. An dieser Stelle werden – abhängig vom gewünschten Endergebnis – weitere Bakterienkulturen zugegeben, um die jeweiligen gewünschten, unterschiedlichen Aromen, Erscheinungsbilder und Texturen der Käse zu erhalten.

Durch die Beimpfung mit Schimmelpilzkulturen lassen sich Käse noch weiter veredeln. Im Gegensatz zu den zuvor beschriebenen Fermentationsprozessen beeinflussen Schimmelpilzkulturen alle Komponenten des Käses meist umfassend – sowohl die Optik als auch das Aroma und die Textur.

Kefir-Fermentation

Bei Milchkefir wird die Milch nicht nur durch Milchsäurebakterien, sondern zusätzlich durch Hefe fermentiert. Durch die Hefe kommt es zu einer alkoholischen Gärung in der Milch und der Milchzucker wird teilweise zu Kohlendioxid und Alkohol abgebaut. Dies trifft zumindest auf echten Kefir zu. Bei dem in Supermärkten verkauften Kefir handelt es sich um »milden Kefir«, in dem keine Hefen vorhanden sein müssen, welche die Milch mittels ihrer komplexen Stoffwechselprozesse umwandeln.

JOGHURT Für 500 g selbst gemachten Joghurt etwa 50 g nicht wärmebehandelten Joghurt (für den ersten Ansatz Joghurt kaufen) auf Raumtemperatur bringen. 500 ml Milch auf 45 °C erhitzen, 50 g der warmen Milch etwa 1 Minute mit dem Joghurt verrühren, dann die Mischung zur übrigen Milch geben. In Gläser füllen, diese verschließen und 8 Stunden bei 38 °C fermentieren, bei Raumtemperatur etwa 2 Tage. Vor dem Verzehr noch mindestens 1 Tag im Kühlschrank reifen lassen. Der Joghurt ist gekühlt etwa 2 Wochen haltbar.

Milch-Honig-Kefir

Mit Kolostrummilch wird der Milch-Honig-Kefir besonders schmackhaft, doch auch eine gute Bio-Milch eignet sich. Das Equipment für die Herstellung ist überschaubar.

Die erste Milch, die ein Säugetier nach der Geburt des Babys gibt, wird als Kolostrum, Erstmilch oder Vormilch – bei Kühen auch als Biestmilch – bezeichnet. Das Kolostrum von Kühen und Menschen unterscheidet sich kaum voneinander. Diese Kolostrummilch ist in der Regel viel dickflüssiger als die spätere Muttermilch. Sie enthält besonders viele Nährstoffe und gilt als besonders hochwertig für die Immunabwehr. Aber auch in der Lebensmittelverarbeitung kommt Kolostrummilch zum Einsatz, etwa in der Herstellung des finnischen Käses Leipäjuusto.

Wer das Glück hat, an Kolostrummilch zu geraten, sollte den Milch-Honig-Kefir unbedingt damit ausprobieren. Doch natürlich eignet sich auch jegliche andere Milch für das Rezept.

ZUTATEN FÜR CA. 500 ML

1 EL Honig (optional)
500 ml Kolostrummilch (z. B. aus dem Internethandel; oder andere Bio-Milch)
1 EL Milchkefirknollen

BESONDERES EQUIPMENT

Gärgefäß (ca. 800 ml Inhalt; säureunempfindlich)
sauberes Tuch (z. B. Musselintuch, Küchentuch)
Gummiband
verschließbares Gefäß (ca. 600 ml Inhalt, z. B. Twist-off-Glas)

DIE KEFIR-FERMENTATION

1. Den Honig in die Milch einrühren und die Kefirknollen hinzufügen. Die Honigmilch in das Gärgefäß geben (Bild 1). Mit dem Tuch abdecken und dieses mit dem Gummiband fixieren.

2. Den Ansatz bei Raumtemperatur 24 Stunden stehen lassen. Anschließend den Kefir durch ein Sieb in ein verschließbares Gefäß füllen. Die Kefirknollen gegebenenfalls mit frischer Milch abspülen und in einen neuen Ansatz geben.

3. Den fermentierten Kefir verschlossen in den Kühlschrank stellen und über Nacht weiter fermentieren lassen. Hat sich Schimmel auf der Oberfläche gebildet, den Kefiransatz mitsamt der Knöllchen unmittelbar entsorgen.

4. Sieht der Kefir gesund aus und hat den typischen, säuerlichen Geruch, kann er direkt verzehrt oder weiterverwendet werden (Rezept s. S. 190). Im Kühlschrank hält er sich jedoch noch bis zu 4 Tage, wird aber zunehmend etwas saurer. Verbleiben die Kefirknöllchen länger in der Milch, separiert sich nach einiger Zeit die Molke (Bild 2).

5. Milch-Honig-Kefir ist frisch und unerhitzt verzehrt am gesündesten. Er lässt sich z. B. mit frischem Obst in tolle Drinks oder Desserts verwandeln, kann aber auch Dressings ideal ergänzen. Er eignet sich auch anstelle von Buttermilch gut zum Säuern von Pancake- oder Waffelteigen, verliert dabei aber viele wertvolle Nährstoffe.

TIPP Beim Experimentieren mit ungewöhnlichen Kefiransätzen (z. B. andere Milchsorten wie die Kolostrummilch oder auch Kokosmilch) sollte immer eine ausreichende Menge an Kefirknöllchen in einem »Kefir-Hotel« sicher aufbewahrt werden – so hat man stets Ersatz zur Hand, falls der Kefir durch Fremdorganismen oder mögliche toxische Stoffe o. Ä. geschwächt wird oder sich Schimmel in einem Versuchsansatz bildet.

1

Mit Milch und Kefirknöllchen, ist Milchkefir im Handumdrehen hergestellt.

2

Sobald sich die Molke von den festen Bestandteilen absetzt, ist der Kefir fertig.

3

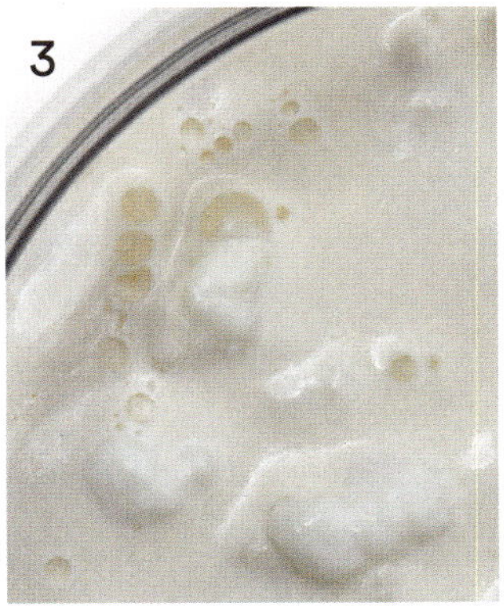

Die Knöllchen an der Oberfläche können durch Filtern separiert werden.

Milch-Honig-Kefir mit Walnuss-Cantuccini und Birnen-Melisse-Salat

Für 4 Portionen
Zubereitung: 30 Min.
Backen und Rösten: 40 Min.

WALNUSS-CANTUCCINI

150 g Zucker

250 g Weizenmehl (Type 405)

½ TL Backpulver

150 g grob gehackte Walnusskerne

Meersalz

1 Prise frisch gestoßene Koriandersamen

2 Eier (M)

2 EL Honig

BIRNEN-MELISSE-SALAT

100 g Walnusskerne

½ Bio-Zitrone

1 EL Honig

400 g Birnen

½ kleines Bund Zitronenmelisse

FINISH

600 g Milch-Honig-Kefir (s. S. 188)

WALNUSS-CANTUCCINI

Den Backofen auf 180 °C vorheizen. Ein Backblech mit Backpapier auslegen. Zucker, Mehl, Backpulver, Walnüsse, 1 Prise Salz und die Koriandersamen vermengen. Die Eier mit dem Honig verquirlen. Die Eiermischung zu den trockenen Zutaten geben und alles zu einer homogenen Masse vermengen. Den Teig zu einer dicken Wurst mit etwa 5 cm Durchmesser rollen, diese auf das Blech legen, leicht flach drücken und im Ofen (Mitte) etwa 20 Minuten backen. Aus dem Ofen nehmen, kurz auskühlen lassen und dann mit einem scharfen Sägemesser in etwa 0,8 cm dicke Scheiben schneiden. Diese erneut auf das Blech legen und in weiteren 8 bis 10 Minuten goldbraun backen. Vom Blech nehmen und auf einem Kuchengitter abkühlen lassen.

BIRNEN-MELISSE-SALAT

Die Walnüsse grob hacken und auf einem Blech im Ofen bei 180 °C etwa 10 Minuten rösten, anschließend abkühlen lassen. Den Saft der Zitrone auspressen und mit dem Honig verrühren. Die Birnen waschen und vierteln, jeweils das Kerngehäuse herausschneiden. Die Birnenviertel in Würfel schneiden und diese sofort mit der Zitronensaft-Honig-Mischung vermengen. Die Zitronenmelisse waschen und trocken schütteln, die Blätter abzupfen. Die Hälfte der Blätter in dünne Streifen schneiden. Birnen, Walnüsse und die Zitronenmelissestreifen vorsichtig mischen.

FINISH

Den Birnen-Melisse-Salat in vier Schalen anrichten. Den Kefir angießen und alles mit den übrigen Zitronenmelisseblättern garnieren. Die Cantuccini dazu servieren.

Milchsauer vergorene Crème fraîche

Die Herstellung von Crème fraîche ist mit nur zwei Zutaten und minimalem Equipment ganz leicht und im Handumdrehen erledigt.

Crème fraîche ist in jedem Supermarktregal zu finden, meist jedoch in pasteurisierter Form und daher bakteriell nicht mehr so vielfältig wie seine Ursprungsform. Hat man einmal die schnelle Fermentation von Sahne zu Crème fraîche raus, gibt es nur noch wenige Gründe, auf ein Produkt aus dem Supermarkt zurückzugreifen.

Insbesondere die Wahl des jeweiligen Rohstoffs – der Sahne – ermöglicht es, eine Crème fraîche nach den eigenen Wünschen und für den jeweiligen Verwendungszweck herzustellen, eine fettreduzierte Kochsahne ist ungeeignet. Als Starterkultur kommt bei der Herstellung Buttermilch oder Naturjoghurt zum Einsatz. Dabei muss man unbedingt darauf achten, ein Produkt zu verwenden, das nicht wärmebehandelt wurde – denn nur dann enthält die Buttermilch oder der Joghurt die für die Gärung wichtigen Milchsäurebakterien.

ZUTATEN FÜR CA. 500 G

500 g Bio-Sahne (mind. 32 % Fett)

1 EL reine Bio-Buttermilch oder Joghurt (nicht wärmebehandelt)

BESONDERES EQUIPMENT

verschließbares Gefäß (ca. 600 ml Inhalt, z. B. Twist-off-Glas, säureunempfindlich)

sauberes Tuch (z. B. Musselintuch, Küchentuch)

Gummiband

DIE LACTO-FERMENTATION

1. Die Sahne und die Buttermilch in das verschließbare Gefäß geben. Das Gefäß gut verschließen und die Mischung kräftig schütteln.

2. Anschließend das Glas öffnen und den Rand mit einem sauberen Tuch reinigen. Gegebenenfalls die Sahne-Buttermilch-Mischung vorübergehend in ein anderes Gefäß geben, das Glas gründlich reinigen und die Mischung in das saubere Glas zurückfüllen. Das Glas mit dem Tuch abdecken und dieses mit dem Gummiband fixieren (Bild 1).

3. Die Sahnemischung 12 bis 30 Stunden bei Raumtemperatur stehen lassen, bis sie andickt und die Crème fraîche den gewünschtem Säuregehalt hat – dies kann auch von der jeweiligen Raumtemperatur abhängig sein. Dann die Crème fraîche einmal kräftig durchrühren (Bild 2).

4. Die Crème fraîche dann wieder luftdicht verschließen und vor der Verwendung mindestens noch 6 Stunden in den Kühlschrank stellen. Hier dickt die zunächst noch etwas flüssige Crème fraîche nach und wird etwas fester (Bild 3).

5. Die Crème fraîche kann dann sofort verzehrt oder weiterverwendet werden (Rezept s. S. 194). Sie ist luftdicht verpackt im Kühlschrank aber auch noch bis zu 10 Tage haltbar.

VERWENDUNG Ein Glas selbst gemachter Crème fraîche im Kühlschrank zu haben ist in vielen Situationen Gold wert. Sie eignet sich z. B. wunderbar zum Verfeinern von Suppen und Saucen oder mit ein paar frischen Kräutern verrührt, eventuell mit etwas Salz und Pfeffer gewürzt, zu Ofenkartoffeln. Aber auch pur als erfrischender Dip zu diversen Speisen (z. B. Tacos) ist die Crème fraîche vielfältig einsetzbar. Für Süßspeisen kann sie durch die Zugabe von unbehandelter Zitrusschale, Vanille oder anderen Aromen – auch aufgeschlagen – eine tolle Zutat oder Ergänzung sein.

1

Nach dem Durchschütteln und Reinigen des Gefäßrandes wird das Tuch befestigt.

2

Die Konsistenz der Crème fraîche kann variiert werden.

3

Verlängert man die Fermentations- und Lagerzeit im Kühlschrank, wird sie fester.

Champagner-Hafer-Toast, Crème fraîche, gegrillte Tomaten und Erdbeeren

Für 4 Portionen
Zubereitung: 35 Min.
Backen: 45 Min.

CHAMPAGNER-TOAST

400 g Weizenmehl (Type 405)

100 g feine Haferflocken

100 g Mandelstifte

100 g Zucker

2 TL Vanillezucker (s. Tipp)

Meersalz

1 TL Natron

100 g kalte Butter

200 ml Champagner

200 g Crème fraîche (s. S. 192)

1 Ei (M)

GEGRILLTE TOMATEN UND ERDBEEREN

250 g Tomaten

250 g Erdbeeren

100 g Puderzucker

10 ungespritzte Rosenblütenblätter (frisch oder getrocknet)

150 ml Champagner

FINISH

600 g Crème fraîche (s. S. 192)

ungespritzte Rosenblütenblätter

evtl. 1 EL Wildrosenblütensirup (s. S. 182)

AUSSERDEM

Kastenform (ca. 25 cm Länge)

Holzkohlegrill

CHAMPAGNER-TOAST

Den Backofen auf 180 °C vorheizen. Eine Kastenform mit Backpapier auslegen. Mehl, Haferflocken, Mandelstifte, Zucker, Vanillezucker, 1 Prise Salz und Natron in einer Schüssel vermengen. Die Butter in Flöckchen dazugeben und mit den Fingern oder einer Gabel in die trockenen Zutaten arbeiten. Den Champagner mit der Crème fraîche und dem Ei verrühren. Die Mischung zügig unter die trockenen Zutaten mengen und alles zu einem Laib formen. Diesen in die Form geben und im Ofen (Mitte) etwa 35 Minuten backen, bis er goldbraun ist und hohl klingt, wenn man daraufklopft. Aus dem Ofen nehmen, vorsichtig aus der Form lösen und auf einem Kuchengitter auskühlen lassen.

GEGRILLTE TOMATEN UND ERDBEEREN

Den Holzkohlegrill vorheizen. Die Tomaten waschen und in dicke Scheiben schneiden, dabei den Anschnitt mit dem Stielansatz entsorgen. Die Erdbeeren waschen und putzen. Beides von allen Seiten grillen, sodass Röstaromen entstehen, die Tomaten und Erdbeeren aber noch kompakt bleiben. Beides in eine Schale geben. Mit dem Puderzucker und den Rosenblütenblättern bestreuen und den Champagner darübergießen.

FINISH

Vom Brot vier Scheiben abschneiden (das übrige Brot hält sich in einer Brotdose aufbewahrt etwa 2 Tage und schmeckt auch als Champagner-Frühstückstoast). Die Toastscheiben kurz grillen und auf vier Teller verteilen. Die Crème fraîche sowie die Erdbeeren und Tomaten daraufgeben. Die Rosenblütenblätter darübergeben. Nach Wunsch den Wildrosensirup darüberträufeln.

TIPP Für den Vanillezucker ausgekratzte Vanilleschoten (z. B. vom Backen übrig geblieben) in Zucker legen und mindestens 2 Wochen durchziehen lassen.

Sauerrahmbutter

Wer eine Küchenmaschine hat, kann die Butter fast nebenher machen. Da jedoch der Moment des Buttermilchaustritts abgepasst werden muss: Nicht aus dem Auge lassen!

Butter ist das einzige tierische Fett, das gewonnen werden kann, ohne das Tier zu töten. Neben Crème fraîche lässt sich auch die fermentierte Sauerrahmbutter ähnlich leicht, wenn auch etwas aufwendiger herstellen. Das Ergebnis ist allemal die Mühe wert und lässt sich durch Zusätze auch ideal aromatisieren. Die beim Buttern entstehende Buttermilch kann entweder direkt pur getrunken werden, als Zutat für beispielsweise Buttermilchpfannkuchen dienen oder schon für den nächsten Ansatz verwendet werden. Mit ihr lässt sich aber auch eine aufgeschlagene Butter aus der fertigen Butter herstellen. Für unsere Sauerrahmbutter stellen wir als Basis zunächst eine Crème fraîche her.

ZUTATEN FÜR CA. 250 G

1 kg Bio-Sahne (mind. 32 % Fett)
3 EL Joghurt oder reine Buttermilch (nicht wärmebehandelt)
Salzflocken

BESONDERES EQUIPMENT

verschließbares Gefäß (ca. 1,2 l Inhalt, z. B. Twist-off-Glas; säureunempfindlich)
sauberes Tuch (z. B. Musselintuch, Küchentuch)
Gummiband
Küchenmaschine (oder Handrührgerät, Schneebesen)
Sieb
Käseleinen (oder Musselintuch)
Eiswasser

DIE BUTTERHERSTELLUNG

1. Die Sahne und Joghurt oder Buttermilch in das verschließbare Gefäß geben. Das Gefäß gut verschließen und kräftig schütteln. Anschließend das Glas öffnen und den Rand säubern. Gegebenenfalls die Sahnemischung vorrübergehend in ein anderes Gefäß geben, das Glas reinigen und die Mischung in das saubere Glas zurückfüllen. Mit dem Tuch abdecken und dieses mit dem Gummiband fixieren.

2. Die Mischung 12 bis 36 Stunden bei Raumtemperatur stehen lassen, bis sie andickt und diese Crème fraîche den gewünschtem Säuregehalt hat – dies kann auch von der jeweiligen Raumtemperatur abhängig sein. Die Crème fraîche einmal kräftig durchrühren, luftdicht verschließen und mindestens 4, besser 12 Stunden im Kühlschrank lagern.

3. Die Crème fraîche in die Küchenmaschine mit Rührbesenaufsatz geben. Mit einem Küchentuch oder Frischhaltefolie abdecken, damit sich die Spritzer nicht in der Küche verteilen. Dann auf hoher Stufe etwa 10 Minuten rühren, bis sich die Butterklümpchen von der Buttermilch trennen. Alternativ mit einem Handrührgerät oder dem Schneebesen arbeiten (Bild 1). Die Mischung durch ein mit Käseleinen ausgelegtes Sieb gießen. Das Käseleinen über der Masse zusammenfassen und fest eindrehen, sodass die übrige Buttermilch austritt (Bild 2).

4. Die Butter in einer Schale mit etwas Eiswasser kneten, bis das Wasser trüb wird (Bild 3). Das Wasser entsorgen, durch neues Eiswasser ersetzen und weiterkneten. Diesen Vorgang drei- bis viermal wiederholen, bis die Butter gewaschen ist.

5. Die fertige Butter nach Belieben salzen, würzen oder Kräuter dazugeben und in die gewünschte Form pressen. In einem luftdicht schließenden Gefäß oder in Frischhaltefolie gewickelt im Kühlschrank lagern. Dort ist die Butter je nach Zusatz etwa 2 Wochen haltbar. Tiefgekühlt hält sie sich etwa 5 Monate.

Für die Herstellung von Butter mit dem Schneebesen braucht man Geduld und Muskelkraft.

Zunächst die Butter sehr gut auspressen, um den Großteil der Molke zu entfernen.

Anschließend wird sie in Eiswasser ausgewaschen, bis keine Molke mehr austritt.

Butterbrot mit eingelegten Bärlauchknospen

Für 4 Portionen
Zubereitung: 1 Std.
Gehen: 20 Std.
Backen: 45 Min.
Einlegen: ca. 4 Wochen

EINGELEGTE BÄRLAUCHKNOSPEN

100 g Bärlauchknospen

80 g Meersalz

150 g milder Essig (z. B. Apfel)

45 g Zucker

SAUERTEIGBROT

80 g flüssiger aktiver Sauerteig

500 g Weizenmehl (Type 550)

12 g Meersalz

FINISH

1 EL Bärlauchknospen

ca. 80 g Butter

frisch gestoßener schwarzer Pfeffer (nach Belieben)

Meersalz

AUSSERDEM

Einmachglas mit Gummidichtung (ca. 250 ml Inhalt)

Gärkorb (ca. 24 cm Ø)

Mehl zum Arbeiten

Gusseisen-Bräter mit Deckel

EINGELEGTE BÄRLAUCHKNOSPEN

Für die Bärlauchknospen die Knospen putzen, mit Salz vermengen und luftdicht verschlossen 3 Wochen im Kühlschrank lagern. Waschen, abtropfen lassen und in das Einmachglas füllen. Essig mit Zucker aufkochen und darübergießen. Unmittelbar verschließen und mindestens 3 Tage im Kühlschrank durchziehen lassen.

SAUERTEIGBROT

Den Sauerteig mit 90 ml lauwarmem Wasser und 80 g Weizenmehl verrühren. Dieses Anstellgut abgedeckt an einem warmen Ort (26 °C) 5 Stunden stehen lassen. Mit dem übrigen Weizenmehl, 260 ml Wasser und dem Salz vermengen. 15 Minuten in einer Küchenmaschine mit Knethaken auf mittlerer Stufe gut unterkneten, bis ein elastischer Teig entstanden ist. Den Teig zugedeckt an einem warmen Ort (26 °C) 3 bis 4 Stunden gehen lassen. Alle 30 Minuten den Teig von unten herausdehnen und über den Teig falten, dies an drei Seiten wiederholen. Dann einen straffen Laib formen, mit dem Schluss nach oben in den mehlierten Gärkorb legen, mit einem Tuch abdecken und etwa 12 Stunden im Kühlschrank gehen lassen. Den Bräter im Backofen auf 250 °C Umluft vorheizen, das Brot aus dem Kühlschrank nehmen. Ist der Ofen heiß, den Bräter vorsichtig herausnehmen und den Teigling zügig mit dem Schluss nach unten hineinstürzen. Die Oberfläche einritzen. Den Deckel aufsetzen und den Bräter sofort wieder in den Ofen (unteres Drittel) schieben. Die Temperatur auf 230 °C reduzieren und das Brot 30 Minuten backen. Deckel entfernen und das Brot 15 Minuten weiterbacken. Herausnehmen und auf einem Gitter auskühlen lassen.

FINISH

Vom Brot vier Scheiben abschneiden (das Brot hält sich in einer Brotdose aufbewahrt etwa 4 Tage). Die Brotscheiben mit der Butter bestreichen. 1 bis 2 EL der Bärlauchknospen aus dem Essig nehmen und abtropfen lassen (die übrigen Knospen sind im Kühlschrank etwa 1 Jahr haltbar). Bärlauchknospen auf die Brote geben, nach Wunsch mit etwas schwarzem Pfeffer und Meersalz würzen.

Bezugsquellen

FERMENTATIONSKULTUREN

Um an Fermentationskulturen zu kommen, sollte man sich zunächst einmal im Bekanntenkreis umhören. In der Regel gibt es den ein oder anderen, der zumindest über eine Ecke einen Sauerteig-, Kefir- oder Kombuchabesitzer kennt. Für einen Sauerteigansatz kann auch der Bäcker des Vertrauens eine verlässliche Quelle sein. Doch auch wer niemanden kennt, der weiterhelfen kann, muss nicht aufs Fermentieren verzichten: In lokalen Anzeigen lassen sich diverse Fermentationsbegeisterte finden, die stets bereit sind, für einen kleinen Obolus oder im Rahmen eines Tauschgeschäfts ihre Kulturen zu teilen – die Community der Fermentatoren ist eine offene und sich gegenseitig unterstützende Symbiose, so wie die Organismen auch! Der Austausch im Netz kann sowohl zur Anregung als auch teilweise zur Absicherung des Fermentationsvorhabens und -verlaufs genutzt werden. Allerdings ist dabei immer die Auswahl der jeweiligen Quelle ausschlaggebend für die Verlässlichkeit.

Doch natürlich können Sie Starterkulturen auch kaufen: Neben einigen Einzelhändlern, etwa manchen Reformhäusern oder Bioläden, bieten vor allem Onlinehändler verschiedenste Kulturen an:

www.fairment.de
www.kefirkaufen.de
www.kefir.at/bezugsquellen.php

Für Koji sind die Bezugsquellen etwas spezieller und eher rar, hier können wir insbesondere auf die folgenden Seiten verweisen:

www.fermentationculture.eu
www.mimiferments.com

BESONDERES EQUIPMENT

Bezugsquelle für sämtliches Fermentationsequipment, vor allem für die Herstellung von Weinen oder Essig, aber auch eine große Auswahl an diversen Gärtöpfen und Messutensilien, findet man z. B. bei folgenden Händlern:

www.arauner.com
www.gastro-brennecke.de
www.pfaeffle-kellereibedarf.de

GLÄSER UND FLASCHEN

Gläser mit Bügelverschluss gibt es im gut sortierten Einzelhandel zu kaufen. Dabei stets auf gute Qualität achten, damit die Gummiringe ihren Zweck erfüllen und nicht schon direkt nach dem Kauf porös sind. Für die Zweitfermentation, für die dickwandige Flaschen benötigt werden, kann z. B. auf gut gereinigte Bierflaschen zurückgegriffen werden. Eine große Auswahl an Flaschen bietet:

www.flaschenland.de
www.glaeserundflaschen.de

DÖRRAUTOMATEN UND WÄRMESCHRÄNKE

www.weckenonline.de/dorrautomaten
www.keimling.de

Inkubatoren, Wärme- bzw. Laborschränke gibt es eher beim Medizinbedarf. Doch auch im Internethandel findet man Geräte. Eine gute Auswahl hat:

www.memmert.com/de/startseite/

Die Autorinnen

Antje de Vries' Verknüpfung frischer Saisonprodukte mit den faszinierenden Aromen aus dem Fermentations-Repertoire von Anne-Cathrine Preißer sollen als kreative Inspiration dienen.

Die Leidenschaft fürs Kochen mit guten Produkten, die Neugier an fremden Kulturen und die große Freude daran, Menschen mit Essen zu verbinden, sind die Leitmotive von **Antje de Vries** (rechts im Bild). Seit fünf Jahren reist die gelernte Köchin und studierte Ernährungsökonomin als Beraterin für gastronomische Konzepte durch die Welt – ohne festen Wohnsitz, mit leichtem Gepäck und offenen Augen. Dabei macht sie, woran sie Spaß hat: immer wieder Neues entdecken und ausprobieren, mit spannenden Menschen und faszinierenden Produkten arbeiten und gemeinsam eine Mission verfolgen – connecting people through food!

(www.foodanjoy.de)

Anne-Cathrine Preißer (links im Bild) begeistert sich für Lebensmittel in all ihren Formen und verbindet in ihren Projekten gerne Wissenschaft und Praxis. Nach ihrem Bachelor in Wirtschaftspsychologie absolvierte die gebürtige Hamburgerin einen Master in Lebensmittelproduktentwicklung in Wien. Schon in ihrer Abschlussarbeit widmete sie sich der Fermentation regionaler Hülsenfrüchte. Im Labor und der Patisserie, unter anderem im Noma und Geranium in Kopenhagen, brachte sie ihr Wissen von der Theorie in die Praxis. Das handwerkliche Arbeiten mit Mikroorganismen ist ebenso Teil ihres Alltags wie Produktentwicklung, Beratungstätigkeiten und ihr Einsatz als Lektorin.

(www.cathy-preisser.de)

Sachregister

Rezeptregister

Bildnachweis

Vivi D'Angelo: alle Produkt-, Food- und Rezeptfotos sowie Porträt der Autorinnen

Seite 12: Shutterstock/Everett Historical
Seite 16: imago images/nordpool/Taege
Seite 17-1: © picture-alliance/dpa/Carsten Rehde
Seite 17-2: Giacomo Bruno, via San Giuseppe 4, Reggio Emilia, 42121 RE, Italy
Seite 17-3: © KäseStrasse Bregenzerwald GmbH, Caroline Jäger, BA Zeihenbühl 423, A-6951 Lingenau

Impressum

VERLAG: © 2020 TEUBNER
Grillparzerstr. 12, D-81675 München
TEUBNER ist ein Unternehmen des Verlagshauses
GRÄFE UND UNZER, GANSKE VERLAGSGRUPPE
www.teubner-verlag.de

PROJEKTLEITUNG UND REDAKTION:
Alessandra Redies
LEKTORAT: Karin Kerber
KORREKTORAT: Andrea Lazarovici
HERSTELLUNG: Susanne Fuhrmann

FOTOGRAFIE: Vivi D'Angelo und Marco Varoli
(alle Bilder außer: siehe Bildnachweis auf Seite 207)
FOODSTYLING: Antje de Vries und Anne-Cathrine Preißer
COVER-BERATUNG, COVER-FINALISIERUNG
UND UMSCHLAG: Klaus Niedermeier, bluehouseproject.net
COVER-ILLUSTRATION: Klaus Niedermeier, bluehouseproject.net
COVER-GRUNDIDEE UND ARTDIREKTION:
Horst Moser, independent Medien-Design
INNENLAYOUT: independent Medien-Design, Horst Moser
in Zusammenarbeit mit Lucie Heselich,
Marta Olesniewicz und Svenja Wamser
LAYOUTUMSETZUNG, SATZ: Marion Feldmann
ILLUSTRATIONEN: Marion Feldmann

REPRODUKTION: Longo AG, Bozen
DRUCK: aprinta Druck GmbH, Wemding
BINDUNG: Conzella, Pfarrkirchen
AUFLAGE: 2. Auflage 2021
ISBN: 978-3-8338-7413-0

Syndication: www.jalag-syndication.de
Ein Unternehmensbereich der StockFood GmbH
Tumblingerstr. 32 | 80337 München | Tel: 089-7472020

UMWELTHINWEIS: Dieses Buch ist auf PEFC-zertifiziertem Papier aus nachhaltiger Waldwirtschaft gedruckt.

Liebe Leserin und lieber Leser,

wir freuen uns, dass Sie sich für ein TEUBNER-Buch entschieden haben. Mit Ihrem Kauf setzen Sie auf die Qualität, Kompetenz und Aktualität unserer Bücher. Dafür sagen wir Danke! Ihre Meinung ist uns wichtig, daher senden Sie uns bitte Ihre Anregungen, Kritik oder Lob zu unseren Büchern. Haben Sie Fragen oder benötigen Sie weiteren Rat zum Thema? Wir freuen uns auf Ihre Nachricht!

GRÄFE UND UNZER Verlag
Grillparzerstraße 12
81675 München
www.graefe-und-unzer.de

GRÄFE UND UNZER
Ein Unternehmen der
GANSKE VERLAGSGRUPPE